新媒体环境下图书馆业务培训教程

图书馆读者业务工作

蔡莉静　主编

海洋出版社

2013 年 · 北京

内容简介

本书把读者工作作为研究重点,论述了读者工作的意义和内容以及读者工作的原则。从读者结构、读者心理、读者需求、读者服务、读者教育、读者导读等几个方面介绍了图书馆开展读者工作的具体措施和方法。本书适用对象为各类图书馆工作和管理人员。

图书在版编目(CIP)数据

图书馆读者业务工作/蔡莉静主编. —北京:海洋出版社,2013.8
新媒体环境下图书馆业务培训教程
ISBN 978-7-5027-8594-9

Ⅰ. ①图⋯ Ⅱ. ①蔡⋯ Ⅲ. ①图书馆工作-读者工作-业务培训-教材 Ⅳ. ①G252

中国版本图书馆 CIP 数据核字(2013)第 141322 号

责任编辑:杨海萍
责任印制:赵麟苏

海洋出版社 出版发行
http://www.oceanpress.com.cn
北京市海淀区大慧寺路 8 号　邮编:100081
北京旺都印务有限公司印刷　新华书店发行所经销
2013 年 8 月第 1 版　2013 年 8 月北京第 1 次印刷
开本:787mm×1092mm　1/16　印张:12
字数:217 千字　定价:32.00 元
发行部:62132549　邮购部:68038093　总编室:62114335
海洋版图书印、装错误可随时退换

《图书馆读者业务工作》编委会

主　编　蔡莉静

副主编　姚　蕊

编　委　董素音　穆丽红　胡亚妮　卢利平

编者的话

新媒体是相对于报刊、户外、广播、电视四大传统意义上的媒体而言的，被形象地称为"第五媒体"。新媒体环境的形成得益于网络环境的成熟和日新月异的计算机技术的发展。在新媒体环境下，数字期刊、数字报纸、数字电视、数字电影、数字广播、手机短信、网络、桌面视窗、触摸媒体等逐步走进了千家万户，这就使得图书馆的传统资源优势失去了往日独占鳌头的地位，因为纸质文献已不是用户查找资料、获取信息的唯一途径，作为"信息中心"的图书馆也不再是用户获取信息的首选场所，图书馆的生存与发展受到了新媒体的挑战。图书馆必须要转变观念，创新发展。

但是，不论外部环境如何变化，不论信息载体多么复杂，图书馆基础理论和基本技术仍然是支撑图书馆发展变革的基础。学习和掌握图书馆基础知识，提高为读者服务的基本技能，提升图书馆在新媒体环境下的竞争力等等，这是每个图书馆馆员义不容辞的责任和义务。我们在2009年编辑出版了《图书馆馆员学习与岗位培训教程》丛书，为当时各类图书馆的馆员职业培训和学习提供了帮助。在此基础上，针对当前新媒体环境特点，我们编辑了一套《新媒体环境下图书馆业务培训教程》，以满足图书馆业务培训和馆员学习的需要。

这套丛书包括：图书馆利用基础、图书馆基础资源建设、图书馆读者业务工作、图书馆期刊业务与研究、图书馆网络化基础、图书馆参考咨询工作基础、图书馆信息研究与服务。该丛书不仅涵盖了图书馆各项基础业务工作，而且还介绍了图书馆高层次文献信息服务工作，如情报分析与研究、科技查新服务等。本套丛书可以满足图书馆馆员的继续学习和技能培训需求。尽管编者尽最大努力把最新的信息呈现给读者，但是由于网络信息动态更新、毫秒处理的特点，当我们的书出版时也许其中一些内容又有新信息了，但这丝毫不影响该套丛书的参考使用价值，因为图书馆的变化和发展都是以其基础理论和基本知识为依据的。

这套丛书在编写过程中得到了同行专家和图书馆界同仁的鼎力支持和帮助，中国科学院国家科学图书馆的博士生导师初景利教授对本套丛书提出了宝贵意见，在此表示衷心感谢。

该套丛书由蔡莉静策划,编写各册提纲,组织作者编写,并完成了整套书的统稿工作。在此过程中,得到了河北科技大学图书馆和燕山大学图书馆相关领导的支持和帮助,在这里表示诚挚的谢意。

由于编者水平所限,难免书中有疏漏或错误,请广大读者不吝批评指正。

蔡莉静

2013年6月

前　言

尽管人类社会已经进入信息社会，尽管新媒体环境对图书馆产生了巨大影响，但是读者仍然是图书馆服务的主要对象，为读者服务依然是新媒体环境下图书馆的主要宗旨和工作目标。本书把读者工作作为研究重点，论述了读者工作的意义和内容以及读者工作的原则。从读者结构、读者心理、读者需求、读者服务、读者教育、读者导读等几个方面介绍了图书馆开展读者工作的具体措施和方法。

本书共分九章：第一章 读者工作概述、第二章 读者结构、第三章 读者心理、第四章 读者需求、第五章 读者服务、第六章 文献的流通服务、第七章 读者导读、第八章 读者教育、第九章 读者工作者的自身建设。其中第一章、第二章、第三章由蔡莉静编写，第三章、第四章、第五章由姚蕊编写，第六章由董素音编写，第七章由胡亚妮编写，第八章由穆丽红编写，第九章由卢利平编写，全书由蔡莉静统稿。

由于水平有限，不妥之处恳请同行和读者批评指正。

编　者
2013 年 6 月

目　次

第一章　读者工作概述 …………………………………………… (1)
第一节　读者工作的意义及内容 ……………………………… (1)
一、读者工作涵义 ………………………………………………… (1)
二、读者工作意义 ………………………………………………… (1)
三、读者工作内容 ………………………………………………… (2)
四、读者工作的作用 ……………………………………………… (6)
第二节　读者工作的指导方针及原则 ………………………… (9)
一、读者工作的指导方针 ………………………………………… (9)
二、读者工作的基本原则 ………………………………………… (9)

第二章　读者结构 ………………………………………………… (15)
第一节　读者队伍的组织与发展 ……………………………… (15)
一、读者队伍组织 ………………………………………………… (15)
二、读者队伍的发展与转化 ……………………………………… (17)
三、图书馆现实读者转化为积极读者 …………………………… (20)
第二节　读者与图书馆读者 …………………………………… (21)
一、读者概念与实质 ……………………………………………… (21)
二、图书馆读者 …………………………………………………… (24)
三、读者结构 ……………………………………………………… (24)
四、读者结构类型 ………………………………………………… (25)
五、读者结构特点 ………………………………………………… (28)
第三节　读者类型 ……………………………………………… (29)
一、划分读者类型的主要依据 …………………………………… (29)
二、各类型读者的基本特征 ……………………………………… (30)

第三章　读者心理 ………………………………………………… (37)
第一节　读者心理研究的内容与意义 ………………………… (37)
一、读者心理的涵义 ……………………………………………… (37)
二、读者心理研究的内容与目的 ………………………………… (38)
第二节　读者心理活动过程 …………………………………… (40)

1

一、读者心理的认识过程 …………………………………………(40)
　　二、读者心理的情感过程 …………………………………………(43)
　　三、读者心理的意志过程 …………………………………………(44)
　第三节　读者阅读心理特征 …………………………………………(44)
　　一、读者阅读心理类型 ……………………………………………(45)
　　二、读者阅读动机 …………………………………………………(46)
　　三、读者阅读兴趣 …………………………………………………(48)
　　四、读者阅读能力 …………………………………………………(48)

第四章　读者需求 …………………………………………………………(50)
　第一节　读者需求的概念和意义 ……………………………………(50)
　　一、读者需求的概念 ………………………………………………(50)
　　二、读者需求的意义 ………………………………………………(51)
　第二节　读者阅读需求的类型 ………………………………………(52)
　　一、社会型读者需求 ………………………………………………(52)
　　二、专业型读者需求 ………………………………………………(53)
　　三、研究型读者需求 ………………………………………………(53)
　　四、业余型读者需求 ………………………………………………(54)
　第三节　各个系统图书馆读者需求的特点 …………………………(54)
　　一、高校图书馆读者需求的特点 …………………………………(54)
　　二、公共图书馆读者需求的特点 …………………………………(56)
　　三、科研与专业图书馆的读者需求的特点 ………………………(58)
　第四节　读者需求趋势及评价 ………………………………………(59)
　　一、读者需求的变化趋势 …………………………………………(60)
　　二、读者需求的评价 ………………………………………………(60)

第五章　读者服务 …………………………………………………………(62)
　第一节　读者服务工作的内容与方法 ………………………………(63)
　　一、文献借阅服务 …………………………………………………(63)
　　二、参考咨询服务 …………………………………………………(64)
　　三、新媒体下的参考咨询服务特色 ………………………………(65)
　　四、学科服务 ………………………………………………………(66)
　　五、讲座、培训、展览 ……………………………………………(66)
　第二节　读者服务工作在图书馆中的地位和作用 …………………(67)
　　一、服务是图书馆存在的社会价值 ………………………………(68)
　　二、在传统与技术之间正确定位服务工作 ………………………(71)

第三节　读者服务工作的发展趋势 …………………………………（74）
　　　一、读者服务工作的发展历史 …………………………………（74）
　　　二、读者服务工作的变化 ………………………………………（76）
　　　三、读者服务工作的应对 ………………………………………（79）
　　　四、读者服务工作的发展趋势 …………………………………（81）
第六章　文献的流通服务 ……………………………………………（91）
　　第一节　文献流通服务概述 ……………………………………（91）
　　　一、文献流通工作的意义和作用 ………………………………（91）
　　　二、文献流通工作的现状与问题 ………………………………（92）
　　　三、文献流通工作的变化 ………………………………………（93）
　　第二节　文献外借服务 …………………………………………（96）
　　　一、外借服务的类型与功能 ……………………………………（96）
　　　二、外借服务形式 ………………………………………………（98）
　　　三、外借处的设置 ………………………………………………（98）
　　第三节　文献阅览服务 …………………………………………（99）
　　　一、文献阅览的特点 ……………………………………………（99）
　　　二、阅览室的类型及作用 ………………………………………（100）
　　第四节　馆际互借服务 …………………………………………（101）
　　　一、馆际互借现状 ………………………………………………（102）
　　　二、馆际互借的必要性 …………………………………………（103）
　　第五节　视听服务 ………………………………………………（104）
　　　一、视听服务概述 ………………………………………………（104）
　　　二、视听服务的重要作用 ………………………………………（105）
　　　三、视听服务的科学管理 ………………………………………（106）
　　第六节　馆外流通服务 …………………………………………（107）
　　　一、图书馆馆外流通站的涵义 …………………………………（107）
　　　二、馆外流通站的建立 …………………………………………（108）
　　　三、馆外流通的意义 ……………………………………………（108）
第七章　读者导读 ……………………………………………………（110）
　　第一节　导读工作概论 …………………………………………（110）
　　　一、导读的概念与性质 …………………………………………（110）
　　　二、导读的产生原因 ……………………………………………（112）
　　　三、导读的原则 …………………………………………………（113）
　　　四、导读的研究内容 ……………………………………………（114）

五、导读工作的目的和任务 ……………………………… (115)
　　六、图书馆开展导读工作的意义 …………………………… (116)
　第二节　导读工作方法 ……………………………………… (117)
　　一、辅导读者合理利用图书馆 ……………………………… (118)
　　二、传授阅读方法，提高阅读能力 ………………………… (118)
　　三、各种形式的借阅指导 …………………………………… (119)
　　四、指导读者利用检索目录及工具书 ……………………… (120)
　　五、书目参考咨询服务 ……………………………………… (121)
　　六、其他形式的导读方法 …………………………………… (124)
　第三节　导读工作发展趋势 ………………………………… (126)
　　一、导读工作的现状 ………………………………………… (126)
　　二、导读中的问题 …………………………………………… (126)
　　三、现代技术对导读工作的影响 …………………………… (128)
　　四、导读工作发展趋势 ……………………………………… (131)

第八章　读者教育 ………………………………………………… (137)
　第一节　读者教育是图书馆职能的重要组成 ……………… (137)
　　一、图书馆的社会职能 ……………………………………… (137)
　　二、图书馆的教育职能 ……………………………………… (141)
　　三、发挥图书馆教育职能，开展读者教育活动 …………… (143)
　第二节　读者教育的原理 …………………………………… (144)
　　一、读者教育的涵义 ………………………………………… (144)
　　二、读者教育的意义 ………………………………………… (145)
　　三、我国图书馆读者教育的现状 …………………………… (146)
　　四、读者教育的原则 ………………………………………… (146)
　　五、读者教育的作用 ………………………………………… (148)
　第三节　读者教育的方式 …………………………………… (149)
　　一、读者教育实施步骤 ……………………………………… (149)
　　二、读者教育的方法 ………………………………………… (150)
　　三、读者教育的时机 ………………………………………… (153)

第九章　读者工作者的自身建设 ……………………………… (154)
　第一节　读者工作者自身建设的意义与作用 ……………… (154)
　　一、图书馆面临的环境发生了变化 ………………………… (154)
　　二、我国图书馆员的现状 …………………………………… (155)
　　三、图书馆员的自身建设存在的问题 ……………………… (156)

四、读者工作者自身建设的作用 …………………………………（157）
　第二节　读者工作者自身建设的内容 …………………………………（158）
　　一、读者工作者应具备的基本能力 ……………………………………（158）
　　二、读者工作者应具备的素质 …………………………………………（159）
　　三、读者工作者自身建设的内容 ………………………………………（161）
　第三节　读者工作者自身建设的方法 …………………………………（163）
　　一、继续教育的对策 ……………………………………………………（163）
　　二、继续教育的途径 ……………………………………………………（166）
　　三、应注意的问题 ………………………………………………………（167）
附录1　《图书馆学五定律》简介 …………………………………………（168）
附录2　《未来的图书馆：梦想、疯狂与现实》评介 ……………………（173）
参考文献 ………………………………………………………………………（176）

5

第一章 读者工作概述

第一节 读者工作的意义及内容

一、读者工作涵义

读者工作的涵义,有广义和狭义两种不同的说法。

广义的读者工作,也被人们称之为读者管理工作或读者管理,是指图书馆管理者根据图书馆的方针、任务和目标,对图书馆的读者进行有目的的组织与整序,研究其阅读需要的规律,协调其同图书馆的关系,使文献流与读者流有机地结合起来,从而使图书馆的文献资源和读者的智力资源得以有效开发的过程。它是以整个读者群作为研究对象,了解读者的组成结构、阅读心理、需求等。其目的是提高读者服务工作水平,提高文献的流通服务质量,包括文献的外借、文献的阅览、馆际互借服务、馆外流通服务等。因此,读者工作紧紧围绕读者群的组织与整序来进行,也就是使读者在图书馆的一切活动都按照图书馆的管理意图进行有目的、有秩序地运行。

狭义的读者工作,是指向读者宣传、推荐、检索和提供文献的工作,它是开发文献资源的重要手段,是图书馆联系读者的桥梁和纽带。

这里,我们需要明确另外一个与此相关的概念:读者服务工作。读者工作与读者服务工作,往往被看做是相同的涵义,不同的说法,其实这是不全面的。它们是两个不同的概念,具有不同的涵义。读者服务工作,是指图书馆直接满足读者需要的服务活动,它是读者工作的一个主要组成部分,包含在读者工作范畴内,从属于读者工作,是读者工作的一个下位概念。本章将系统论述读者工作,关于读者服务工作,将在第五章详细论述。

二、读者工作意义

目前,读者及其需求的研究,读者利用图书馆文献的行为探讨,读者阅读及其心理分析等,已经成为现代图书馆学理论研究中的一个重要方面。近几年,国内外有不少关于读者需求和利用的调查与意见征询结果表明,尽管近几十年来图书馆藏书成倍地增长，工作内容不断地充实，处理和传递情报的技术手段有了很大的进步，然而读者从图书馆服务中所得到的满足程度并不如原来预料的那样，图书馆对读者的吸引力仍然若即若离。尤其是网络环境和新媒体环境下，图书馆不再是读者查阅文献的首选场所和唯一选择，读者到馆数量和对图书馆服务工作的满意度远远没有图书馆员们预期的那样。究其原因在于，图书馆尚未最大限度地满足读者的需求。

众所周知，读者需要是图书馆存在和发展的基础，没有读者需求，图书馆就没有了运行的动力，也就没有了本身发展壮大的理由；要提高图书馆馆藏的利用率，发挥文献在传递知识、交流情报中的价值，必须有一种读者服务的新观念；图书馆如果要赢得读者，巩固本身的社会地位，实现自身的社会效益，必须以读者需要为第一，以服务读者为至上，并且要讲究服务效率，提高服务质量。

简而言之，图书馆工作的成败、兴衰、存亡，系于读者。

古今中外的许多政治家、思想家、科学家和艺术家都与图书馆有着深厚的感情，他们借助图书馆的丰富藏书，经过长期的自我充实提高，结合自己丰富的实践经验，取得了辉煌的成就，这从另一侧面证实了图书馆读者工作的重要性。

三、读者工作内容

在图书馆中，读者工作是第一线工作，它是图书馆其他工作的出发点和归宿。也就是说，其他各项图书馆工作都是为了更好开展读者工作。而读者工作开展的好坏，将直接影响图书馆方针任务的完成，从更高层次上说，甚至会影响科学技术的发展和人们文化水平的提高。因此，必须对读者工作实行科学管理。

读者工作的内容范围，随着近年的发展完善，已经逐渐形成一个完整的工作内容体系，它主要包括以下几个方面。

1. 组织读者

组织读者是读者工作的第一步，是图书馆管理者对读者实施有效管理的组织措施。它包括发展读者、划分读者群和整序读者流。

发展读者是通过读者登记来实现的。读者登记工作是图书馆对读者进行调查研究、了解读者、联系读者的基础，是做好读者工作的前提。高等院校图书馆的读者成分比较单一，凡本校的师生员工，都是本馆的服务对象，只要进行简单的读者登记，就可以成为正式读者。公共图书馆的服务对象比较广泛，比较复杂，需要根据办馆的方针、任务、规模和条件，以及读者的阅读需要特点等，有目的地发展读者。读者登记表要妥善保存，这不仅是了解读者、研究读者的重要资料，而且是图书馆进行各项统计的依据。为了便于日后开展对读者的研究工作，在读者登记时要详细记录读者的专业、职务、工作性质、年龄等。

2. 研究读者

研究读者是指研究读者的阅读规律，包括不同层次的读者在阅读需要、阅读目的、阅读过程上的特点及其规律。研究读者的目的是为了提高读者服务效益和读者阅读修养，因此，图书馆界学者把图书流通概括为"为人找书，为书找人"是有一定道理的。图书流通就是要让读者找到所需要的图书，让图书为适合的读者使用。所以，研究读者是开展图书流通的基础。只有把握住图书流通的规律，掌握读者的阅读需要，才能找出满足这些需要的方法和途径。

进行读者研究，可以从两方面着手。一方面从宏观方面着手，研究读者的阅读需求，以求掌握各类型读者需求的特点和规律；另一方面从微观方面着手，研究读者阅读的动机与目的、阅读心理与行为、阅读方法与效果问题，以便有效地满足读者的需求。

3. 分析读者

分析读者指的是分析读者的各种需求。

一般地说，不同层次的读者群对文献的需求是不同的。中老年科技工作者所需要的文献多为中外文科技资料和少量专著，其要求是"新"、"全"、"专"、"精"。青年科技工作者精力旺盛，对新事物比较敏感，图书馆应根据实际情况对他们推荐对口书刊。除此之外，读者在不同时期所需要的文献也是不同的，即读者阅读文献具有很强的时代性和阶段性。以高等院校图书馆为例，教学进程的不同阶段，读者用书情况是不同的。如开学初期，教学参考书的借阅量最大，因此，做好这方面的图书流通工作是服务的重点；考试阶段，应适当延长借阅时间，为复习考试创造有利条件。读者阅读的目的也是不完全相同的，有的是为了充实自己头脑，有的是为了解决一个实际问题，有的是为了研究学问，有的是为了享受等。因此，研究读者需求时要具体问题具体分析。

研究读者，进行读者需求分析，有助于从总体上把握其需要的特点和规律，研究读者的阅读动机，不仅是为了提高服务的针对性，更重要的则在于对读者动机加以正确引导，对于高尚的、纯正的阅读动机，应充分地满足其需要；对于阅读动机不纯正的读者绝不能迁就，必须加强教育和引导，使其辨明是非，提高读者的阅读欣赏水平。

总之，研究读者需求是图书馆搞好读者工作的一个关键问题，进行读者研究，有助于提高读者服务工作的针对性和服务质量与效率。

4. 服务读者

图书馆服务工作是指图书馆利用馆藏和获得的文献信息，采取多种方式向用户提供服务的一切活动。图书馆服务是图书馆工作的外在表现形式，是图书馆社会价值和最终目标的体现，也是图书馆中最具活力的工作。它包括优化读者服务方式、扩大读者服务范围、增加读者服务内容和提高读者服务水平。图书馆服务读者的传统方式可以根据读者的实际需要，利用藏书、目录、设备以及环境条件，有区分地开展各项服务活动，包括综合应用外借服务、阅览服务、复制服务、咨询服务、检索服务、定题服务、报道服务、展览服务、情报服务等，建立多类型、多级别的服务方法体系。此外，还要有效地满足各类读者对一次文献、二次文献、三次文献的不同需要，帮助读者解决在学习、研究、工作中选择书刊、查询资料以及获取知识信息方面的各种具体问题。一个图书馆以何种方式服务于读者，主要取决于本馆的性质、规模和读者需求，而且还要随着图书馆的发展和读者需求的变化而不断变化。

目前，随着网络的普及和计算机技术在图书馆中的广泛应用，利用网络为读者提供服务已经成图书馆的服务方向。图书馆的服务方式也由传统的服务转向了现代化服务，例如网上参考咨询服务。

总之，图书馆的读者工作范围和工作内容应根据本馆的具体情况和社会发展水平来决定。总的要求是"用最少的投入，在最短的时间内，向最多的读者提供最好的文献"。图书馆扩大开架借阅范围，开展参考咨询和情报服务，开展预约借书和文献复制等，就是这一原则的具体体现。

5. 教育读者

教育读者是图书馆教育职能的一个具体体现。它包括宣传读者、辅导读者及培训读者三个方面的内容。

宣传读者是图书馆对读者进行科学管理的基本手段之一。在全部的文献流通和情报传递过程中，都离不开宣传工作，离开了宣传工作，则无法实现图书馆对读者的指导。宣传的根本目的，在于在了解和研究读者阅读需要的基础上，主动向读者揭示文献的形势与内容，宣传先进的思想、科学知识、职业技术以及广泛的文化信息，把读者最关切和最需要的文献及时展现在读者的面前，吸引读者利用图书馆的多种图书文献以及各种资源，使图书馆的资源得到最大程度的利用。

每个图书馆还应该开展阅读辅导工作,针对不同读者的具体情况,有区别地为读者服务。辅导读者的根本目的是在了解和研究读者阅读需要的基础上,积极影响读者选择阅读范围,引导他们正确地选择文献内容,帮助他们学会利用文献和图书馆。读者辅导工作,是在熟知读者及其阅读需要的基础上,进行有针对性的帮助指导,以促进读者更好地获得知识,提高阅读能力及阅读效果。

培训读者是为了让读者能更好地利用图书馆的各种馆藏文献,提高读者使用文献的技能。培训读者主要从两个方面入手:一方面培养他们的情报意识,激发他们利用图书馆的欲望,使他们自觉地认识到图书馆是自己的良师益友、终身学习的场所。另一方面提高他们利用图书馆和检索情报的技能,以便能熟练地利用图书馆。具体说,就是图书馆通过各种方式向读者传授"怎样利用图书馆"的知识、目录学知识、文献知识、情报检索与利用知识、网络数据库使用等。

6. 读者工作管理

为了有效地开展读者工作,读者工作部门本身应进行科学的组织管理,包括岗位设置、人员配置、组织劳动分工、明确岗位责任、建立健全各种规章制度、合理组织辅助藏书、改进服务手段、完善服务体制等工作。

图书馆的组织机构分为业务领导和行政领导两部分,见图1-1所示。

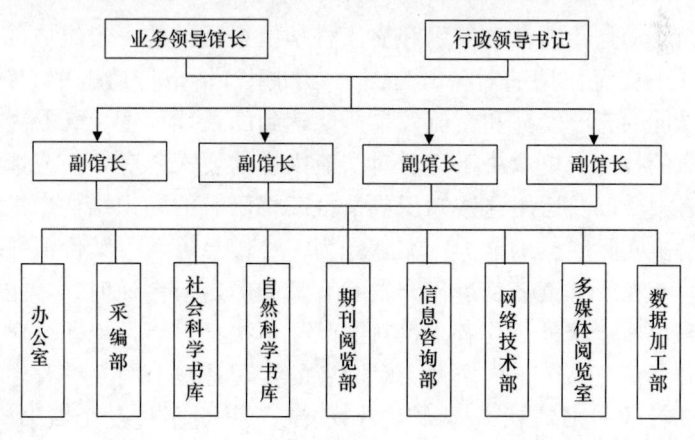

图1-1 图书馆组织机构示意图

业务领导和行政领导包括馆长、书记以及副馆长,根据党员数量可成立党总支部或党总支,图书馆的各项工作是馆长在上级党委和行政主管部门领导下进行的。图1-1中的一些部门设置因图书馆的性质和规模有所不同。例如，在一些规模较大的公共图书馆会有少儿阅览室、中小学生阅览室、古籍阅览室等。

图书馆所设办公室，是从事全馆业务、行政、财务、后勤等事务管理的部门。业务机构包括书库、采访部、编目部、社会科学书库、自然科学书库、期刊阅览部、信息咨询部、网络技术部、数据加工部等。采访部是根据本馆的性质、任务，按计划采购和补充藏书，建立本馆藏书体系的业务部门；编目部是对到馆文献的加工整理部门；一些图书馆采访部和编目部是合二为一的部门，称采编部（如图1-1）。书库是图书馆开展图书外借，直接为读者服务的业务部门，通常分为社会科学书库和自然科学书库。期刊阅览部是图书馆管理期刊工作的部门，包括期刊的采访、订购、新刊登到、分类、上架、借阅等；同时在馆内开展书刊资料阅览工作。信息咨询部是开展信息资料收集整理、加工、分析研究和传递服务的部门；很多高校馆的信息咨询部都开展了高层次信息服务，例如科技查新、论文查收查引、论文检索、科技情报分析与利用等。网络技术部主要负责图书馆主页的维护、数据库的订购与更新，同时负责图书馆管理系统的正常运行，保证图书馆局域网的畅通。

四、读者工作的作用

1. 读者要素是图书馆知识交流中的关键

图书馆活动是传播社会知识和交流科学情报活动的一个组成部分。读者是图书馆知识交流作用的对象，是图书馆知识、情报传递链中的终端环节，一切交流功能的充分发挥和交流效果所能达到的最佳程度，既取决于交流的内容、交流的技术，更取决于读者对交流内容的要求、对知识或情报的吸收能力、读者素质以及运用这些知识或情报改善已有的知识结构，提高认识世界和强化解决实际问题的能力。文献作为一种信息资源，其价值并不一定是显性的，只有在了解读者，进行开发和有目的的定向传递时，才能充分发挥文献的信息价值。此外，读者不仅对文献作出抉择，而且也通过对文献的取舍和吸收来考核图书馆工作质量。对读者的管理是整个图书馆管理的重要内容，没有读者的图书馆就不能称为图书馆，充其量不过是个藏书楼。因此，开展读者工作是提高交流效益的关键，读者是构成现代图书馆的要素，是图书馆之本。

相信读者，依靠读者，是图书馆的办馆路线，也是党的群众路线在图书馆管理工作中的体现。依靠读者是以相信读者为前提的，是相信读者的具体表现，依靠读者不是因为图书馆人员短缺，用读者补缺的权宜之计，而是图书馆的办馆思想问题，是图书馆管理工作中的原则性问题。要从思想上真正认识到读者是图书馆的要素之一，读者是图书馆的主人，图书馆与读者是相互依存、不可分割的整体。工作中要为读者创造较多的参与图书馆管理的机会，吸收更多的读者参与图书馆的管理和建设活动。在补充新书和剔除旧书的工作中，在制定图书馆的各项规章制度时，都应广泛听取读者意见，吸收有代表性的读者参与决策，还要注意发挥读者的监督作用。

2. 读者需求是促进图书馆发展的动力

"读者"是个广泛的概念，其中有不同的类型，按照人们某些共有的倾向和特征，可以把读者划分为一些大的群体，属于各个大群体内的读者将选择大体相同的主题内容并以大体一致的方式理解、吸收知识和作出响应，这就是读者的分类。我们要了解读者对文献资料的千差万别的需要，就有必要对读者给予群分，因为只有这种分类的方法才能使我们认识和区别读者，寻找出读者质和量的共同点和差异性，总结出读者工作的规律性。

读者需求具有个体性和群体性两个方面，每个读者的需求由于个体的素质和条件的不同，其心理特征互异，因而所寻求和指向的文献都具有鲜明的个性；但是任何读者又都具有共同的文化背景，一定范围内的读者大抵总处在一个相对固定的文化环境中，从事着同类型、同方向的研究工作，同一主题性质的实践活动，其知识吸取或科学交流的环境相同，方法类似，因而需求又具有极大的共同面。作为个体的读者的需求虽然千差万别，变幻多端，表现为一种随机现象，是我们难以把握的，但是作为一个群体中的一员，他的需求总是与此群体所处的特定环境条件、群体的共同特征-职业、教育、年龄、心理、实践经验等相联系着。各个读者群都有其共性的文献需求、阅读倾向和选择利用文献的方式，这样就使群体内的读者的文献需求又具有客观确定性，只要我们掌握了各个读者群的共有倾向和共同特征，就可以找到读者工作的规律性，更好地为读者服务。所以，对读者需求的研究要以对读者群需求的研究作为出发点，这种研究有利于从总体上实现为读者服务的目的。当然，这里也不排斥对个体读者需求的探索研究，因为任何共性均寓于个性之中，并通过个性表现出来。对一个典型的、有代表意义的个体读者需求分析，正可以促进我们对该一群体读者需求的深刻理解。

3. 读者服务是衡量图书馆工作成绩的标志

读者服务工作，是图书馆直接满足读者需要的服务活动，是读者工作的主要组成部分。图书馆的业务活动按其性质划分，可分为两大类：一类是文献的搜集、整理、典藏和保管等，即人们普遍称之为图书馆的内部工作；另一类是文献的传递和使用工作，如文献的外借、阅览、宣传辅导等，是图书馆的对外工作。这两类工作都是直接或间接为读者服务的，都是完成图书馆任务所不可缺少的一部分。但是，由于读者工作是面对读者的第一线工作，因而它在图书馆的业务工作中占有更加重要的地位。读者往往以图书馆读者服务工作的优劣来评价一个图书馆的工作质量。实际上，评价一个图书馆的管理水平和服务效益，是以图书馆的文献被读者利用的程度和这些文献在读者中流通产生的效益为标准的，而不是以图书馆的大小或藏书多少为尺度的。搜集的文献质量如何、数量是否够用、分类和编目的组织工作是否科学，都需要在读者工作的实践中得到检验，读者服务工作是图书馆全部工作的外在表现，是衡量图书馆工作成绩的标志。

4. 读者教育是开发图书馆潜在读者的重要手段

现代图书馆同传统图书馆相比，具有较强的教育职能，开展生动有效、丰富多彩的读者工作，进行文献的宣传和推荐，可以传播科学技术知识，帮助广大科技工作者掌握最新专业知识；宣传马克思列宁主义、毛泽东思想，宣传党的路线和方针政策，可以向读者进行革命理想、共产主义道德、爱国主义教育。充分发挥图书馆的社会宣传教育职能，吸引更多的读者了解和利用图书馆资源。

我们应该看到，图书馆虽然是社会知识交流的一个实体，但是它的交流功能至今尚未得到充分的发挥，即使是在图书馆事业较为发达的国家里，也程度不等地存在着这种现象。最明显的表现是，大量的居民只能说是图书馆的潜在读者，而非现实的利用者，或者仅仅是一个短暂时期的读者而非终生的使用者。图书馆还只能为占人口比例不大的一部分人服务。所以，在网络环境新形势下，图书馆应该充分利用网络技术的优势，使被动形式的服务变成为主动的、针对性强的服务，以其有效的服务更多地参与社会知识交流和情报信息的传递过程，以吸引那些潜在的读者乐意使用图书馆资源。

对于图书馆来说，把潜在的读者扩大为现实的读者，重视对社会成员的知识再教育和情报传递，是充分发挥图书馆的知识交流功能的一项十分重要的任务，如果我们不为多数人提供服务，我们事业的基础将是脆弱的。同样，加强图书馆的教育职能，重视新知识信息的交流，为国民经济建设和科学技术发展服务，扩大图书馆传统读者中情报用户的比重，则是图书馆现代生命力的体现，它不仅标志着图书馆工作向更高层次的发展，也是适应了信息时代发展的需要。

第二节 读者工作的指导方针及原则

一、读者工作的指导方针

读者对图书馆资源的要求，既有社会职业的要求，又有个人爱好的要求；既有眼前的要求，又有长远的潜在要求等。读者的要求是随着社会需要的发展变化而不断丰富、扩大的，在如此错综复杂的读者要求面前，任何图书馆要想不断地提高读者满足的程度，必须把"读者第一"、"服务至上"作为图书馆读者工作的宗旨。

早在20世纪初，革命导师列宁就明确提出"方便读者"、"细心读者"、"迅速满足读者对图书的一切要求"应成为图书馆服务工作的指导思想。20世纪30年代，印度图书馆学家阮冈纳赞提出了著名的"图书馆学五原则"或者"图书馆学五定律"。即"书是为了用的"、"每个读者有其书"、"每本书有其读者"、"节约读者的时间"、"图书馆是个生长着的有机体"。这五条原则充分体现了阮冈纳赞的"读者至上"的基本思想。

在20世纪50年代，西方国家图书馆界提出了"服务至上"，我国图书馆界提出了"一切为了读者"、"为人找书，为书找人"的口号。这些内容基本相同的提法，都反映了图书馆读者工作的客观规律性，因而对各类型图书馆的服务工作都具有指导意义。

"一切为了读者"就是现代图书馆读者工作的指导方针。

二、读者工作的基本原则

1. 为人民服务的基本原则

为人民服务是我们国家一切工作的出发点和本质的特征，也是我国图书馆读者工作实践和理论研究的指导思想。这个基本原则和指导思想，为读者工作指明了唯一的正确的方向。为读者充分利用图书馆提供一切方便，是图书馆对读者进行有效管理的一条原则。这是图书馆的性质和任务所决定的，它有利于馆藏文献的充分开发和利用，有利于提高图书馆的服务效益。

图书馆在贯彻这一原则时，应注意如下几个问题。

一是从方便大多数读者出发。从本质上说，图书馆的规章制度和管理办法是维护大多数读者利益的，不应成为读者利用图书馆的障碍。但是，在实际的工作过程中，作为一个机构，要协调好图书馆、工作人员、读者三方面的关系，图书馆在制定一些规章制度时，会不由自主地倾向于管理方便，形成一些方便管理的规章制度，而忽视了读者方便。这样的制度必然会造成对读者的种种不便。图书馆规章制度是图书馆工作实践经验的总结和概括，但随着图书馆工作的发展和人们认识的深化，它并不是一成不变的。人们应当根据客观情况的变化及时地检查规章制度，发现确实不合理的就得坚决地加以改革。图书馆制定各种规章制度，既要以便利读者为出发点，又要建立在科学管理的基础上，两者必须统一起来。所谓对读者的便利，是指对全体读者的便利，不能是便利一部分读者而妨碍了另一部分读者的阅读。而且，这种便利是长远的便利，不是称便于一时，而贻患于未来。制定规章制度时要体现在保证重点读者需要的前提下，满足一般读者阅读需求的原则。从整体上来看，图书馆要保护多数读者的利益。例如，图书馆为了严防丢失损坏书刊资料而订立的某些制度，目的就是要保护全体读者的共同利益。

二是建立和完善多功能的目录检索体系，实现目录检索网络化。目录是指引读者查找文献的向导，多功能的目录检索体系可以为读者快、精、准地检索到所需要的文献提供方便。随着科学技术迅猛发展，计算机和通信设备在图书馆得到广泛应用，大部分图书馆目录检索已经实现了网络化，读者只需登录到图书馆主页就可以检索自己所需书目。

三是对藏书进行合理科学的组织与布局。藏书组织是指将图书馆收集并加工的文献按照一定的要求进行合理的布局，组织一个有序化的藏书体系。图书馆的藏书由于日积月累越来越多，内容和形式都较复杂，对藏书进行合理地科学地组织与布局能够使各种类型的读者，方便及时地借阅到所需图书资料，便于工作人员的管理，提高服务质量，确保藏书完整，避免丢失和损坏；努力做好藏书补充、藏书剔除、藏书保护、图书排架、图书清点、图书宣传、阅读辅导等工作。

四是改进服务方式，扩大文献的开架借阅范围，简化借阅手续。传统的服务方式就是个人外借，为充分满足读者的阅读需要，应该实行集体外借、预约借书、馆际互借、网上文献传递、邮寄借书、馆外流动借书等工作。新媒体环境下，图书馆实现了自动化管理，可以大大缩短读者在借阅处借阅手续的时间，为读者利用图书馆创造方便。开架借阅可以实现人与书的直接见面，为读者最大限度地利用文献提供方便。

五是具有合理的开馆时间。延长开馆时间可以使读者利用图书馆的时间增加，无疑是对读者有利的。但是，开馆时间并不是越长越好，因为它要考虑工作人员的作息制度、读者的工作学习时间等问题，所以开馆时间同大多数读者利用图书馆的最佳时间相吻合即可，即要科学地安排开馆时间。

2. 充分服务的原则

充分服务的原则，即读者至上的原则，就是全面开发利用图书馆的资源，最大限度地满足读者的一切需要，充分发挥图书馆为社会主义物质文明和精神文明服务的职能，这是读者工作应当追求的共同目标。充分服务的原则，直接体现了"一切为了读者"、"读者就是上帝"，等指导方针与战略思想，反映了两层意思：一是读者服务工作中要以文教为中心开展各项活动，千方百计地满足读者对文献的需求；二是图书馆的一切工作，包括文献工作、行政管理工作、思想政治工作，都要围绕读者的活动进行，以读者的需要作为一切工作的出发点和归宿。

图书馆在贯彻执行这一原则时，需要注意如下几个的问题。

首先是把读者利益看做是图书馆的第一利益，树立读者本位意识。这里所说的读者利益，主要指的是读者充分使用图书馆资源的权利，如读者在图书馆里正常的借阅图书期刊、借阅册数、借阅期限、阅读时间、开馆时间等，以及情报咨询、文献利用、图书证的办理及使用等，都应受到保护和尊重，任何人不准以任何借口对读者的上述基本权利施以冲击和侵占。读者的本位意识，是指图书馆是为读者服务的，它的一切活动都应以读者为中心。图书馆收藏图书只是一种手段，而读者利用图书才是最根本的目的，藏书建设应该是读者需要什么，就补充什么；开馆时间也应该是读者利用图书馆的最佳时间，不要在读者有时间阅览时，图书馆闭馆，而读者无暇时，图书馆开馆。读者借阅图书的期限也要根据具体情况来设定，既要保证图书的正常流通，又要确保读者持有图书达到一定时间以便于使用。

其次是尽最大努力满足读者的阅读需要。读者的阅读需要是多方面的，而图书馆的文献资源是有限的，不可能满足广大读者的一切阅读需要，如何使有限的资源发挥出最大的作用，这就需要图书馆采取各种必要的有效措施，制定更为合理的工作流程和规章制度，如延长开馆时间、加大阅览文献的比重、加快文献借阅频率、开展预约借书等服务，来充分满足文教需要。同时，传统图书馆的读者服务主要是以文献借阅为主，而现代化的图书馆则突破了这种局限，开展了多功能服务。即图书馆要深化文献服务，不仅提供文献单元服务，还要提供知识服务，接受各种咨询，解答各种问题。同时，还要扩大服务内容与服务领域，积极为大众提供审美、交流、学习等多方位的服务。在开展多功能服务的同时，图书馆还应尽力加强特色服务，建设自己的特色馆藏，以展示自己的个性，更好地为读者服务。同时，图书馆还应在本地区和本系统内积极开展资源共享活动，通过馆际互借等方式，来满足读者的特殊需要。

最后是图书馆内务工作与读者需要发生矛盾时，应服从读者需要。图书馆的服务工作同读者的需要从根本上讲是一致的，但在具体工作中却经常会发生一些矛盾，例如开馆时间、借阅册数、节假日、图书加工、图书整架等。图书馆在处理这些问题时，都应该首先考虑读者的需要，尽量避免发生冲突。

3. 区别服务的原则

区别服务就是有针对性地满足各种读者的不同需求，其实质在于讲究服务的艺术，注重服务的效果，着眼于服务的质量。该原则是搞好读者工作的基本政策。图书馆工作是一种社会教育工作，在图书馆服务工作中必须针对读者的不同情况，来采取不同的服务方针，有区别地对读者进行服务，才能起到事半功倍的效果。

区别服务主要是由如下三个方面的因素来决定的。

首先是图书馆藏书结构与读者结构。区别服务原则是建立在对读者和藏书进行系统分析的基础上的，藏书是一个多级别、多层次的动态结构，而读者成分及其需要也是一个多类型、多层次的动态结构。图书馆管理者应该有针对性地采取不同方式来满足不同读者的需要。区别服务的核心是提高读者工作的有效性，使所有的文献资源都能做到物尽所能，发挥其所有的价值，使所有的读者都能各取所需，满意而去。

其次是服务机构与服务方式。随着图书馆事业的不断发展，社会上出现了各式各样的图书馆，这些图书馆的具体任务和服务对象不同，对书刊文献资料的搜集、整理、保管和传播的内容、形式及方法也各有差异。在联合国教科文组织（UNESCO）的支持下，国际标准化组织（International Organization for Standardization，简称ISO）和国际图书馆协会联合会（IFLA）为制定图书馆统计的国际标准，从1966年开始进行了一系列工作，终于在1974年由国际标准化组织颁布了《ISO 2789：1974（E）国际图书馆统计标准》。该标准将图书馆分为国家图书馆、学校图书馆中的高等院校图书馆、非专门图书馆、学校图书馆、专门图书馆、公共图书馆六大类型。我国当时尚未参加国际标准化组织，所以对这个标准无法表示态度。

目前我国图书馆业，根据图书馆的领导系统，考虑图书馆的性质、读者对象和藏书内容等因素，对图书馆进行划分，类型有：国家图书馆、公共图书馆、学校图书馆、科学图书馆、专业图书馆、技术图书馆、工会图书馆、军事图书馆、儿童图书馆等。在上述各类型图书馆中，通常认为公共图书馆、科学图书馆、高等院校图书馆是我国整个图书馆事业的三大支柱。由于不同类型的图书馆机构的不同，导致了它们具有形式各异的服务方式，在图书馆的读者中，有些属于重点服务对象，有些则属于一般服务对象。对于重点服务对象，在借书范围、册数和期限等方面应当有区别地给予重点保证和关照。当然，在满足重点读者阅读需要的同时，也要兼顾一般读者的阅读需要。例如在高校图书馆中，高校教师和学生就是重点服务对象，一些社会人员或实行馆际互借的其他在校生则属于一般读者，对于他们图书馆都会采取不同的服务政策。另外，同属于重点服务对象的高校教师和学生，也会在借书期限或册数等方面受到不同的限制。这就是根据实际情况进行了区别服务的原则。贯彻区别服务原则能使图书馆的服务工作分清主次，保证重点，兼顾一般，从而使馆藏文献及人力、设备等条件用在最需要的地方。

最后是图书馆各种社会职能决定的。所谓职能，就是指人、事物或机构应有的作用。职能是由性质决定的，有什么样的性质就有什么样的职能。图书馆的职能，从根本上讲，是由图书馆的中介性决定的。图书馆的职能也要根据其性质、任务、读者对象、收藏范围和所在地区等具体情况的不同，而有所侧重。因此，应强调从各馆的实际出发，来发挥图书馆的职能作用，以便办出图书馆的特色来。

4. 科学服务的原则

科学服务的原则就是遵循图书馆工作自身的规律，按照科学的思想、科学的态度、科学的方法、科学的管理措施，组织读者服务活动，这是所有图书馆工作者工作的基本要求。科学的思想，就是在读者工作及其研究中，要具有整体的全局的观念，要会运用全面的、联系的、发展的观点来认识问题。科学的态度就是实事求是，一切从实际出发，讲究实效而不图虚名的态度。科学的方法，是指在读者工作及其研究中，要形成一整套实践与理论的方法。科学的管理措施，是指读者工作的规章制度、先进的技术设备和服务手段。

5. 教育导读的原则

教育职能是现代图书馆的重要职能之一。图书馆的读者群成分复杂，其阅读需要和阅读目的也是多种多样的。为了提高阅读的效果，更好地履行图书馆的教育职能，作为社会阅读活动的组织者，图书馆必须对读者的阅读目的、阅读内容和阅读方法给予积极地引导，使读者阅读活动健康发展。

6. 资源共享的原则

资源共享是当今图书馆事业发展的一个重要课题，也是读者服务工作的基本原则。早在20世纪50至60年代，图书馆界就有人提出了这个概念，认为图书馆资源共享，是指图书馆之间相互分享各自的资源，为读者或用户提供更多的服务。现在，这个要领在原来的基础上又有了延伸和发展。例如美国匹兹堡大学教授肯特认为："资源共享是图书馆的一种工作方式，即图书馆的全部或部分功能为许多图书馆所共享。"他还认为，图书馆资源不仅是藏书，图书馆所拥有的人员、设备、工作成果等都是资源，因而也可以以某种方式为许多图书馆所共享。关于资源共享可以说是图书馆界多年来的梦想，区域合作、实现文献资源的合理配置与共享是解决图书馆诸如购书经费不足、藏书空间有限、文献保障率低等问题的关键。为更好开发信息资源，为我国的经济建设服务，图书馆应更新观念，改变传统运作模式，利用网络和各种现代化技术，走协作之路，努力实现全方位的资源共享，让"藏书楼"向数字化图书馆转变。

第二章 读者结构

作为整体意义的读者队伍,是由各个不同类型的读者群所组成的有机组织系统,称为读者结构。这些不同类型的读者群具有共同的文化背景和相对固定的社会环境,从事着相同类型、相同方向的社会活动和同一主题的研究任务;在图书馆活动中体现出共同的文献需求、阅读倾向和选择利用的方式。这些共同性为我们研究读者需求规律,更好地服务读者,提供了客观依据。为此,从整体上认识和了解读者队伍的组成系统,分析各类型读者群的个性特点和共性特点,是非常重要的,可以更加合理地组织与发展图书馆读者队伍。

第一节 读者队伍的组织与发展

一、读者队伍组织

读者是图书馆服务的对象,通常是由特定范围、特定类型、特定成分的读者类型所构成。在整个国家和地区的图书馆事业中,读者队伍的数量、读者成分、读者类型的广泛程度直接说明了图书馆事业的发展程度,说明了图书馆资源的开发利用程度,同时也说明了图书馆的社会地位和社会作用的发挥程度。因此,图书馆只有做好读者的组织工作,才能开展有针对性的服务工作,提高服务的效率,从而加快图书馆事业发展的步伐。

做好图书馆读者的组织工作,有两层含义。一是从图书馆事业的宏观角度出发,按照各类图书馆的性质和任务,将各种类型的读者群进行组合,使其成为具有一定内在联系的图书馆读者队伍。包括读者队伍的调整工作,确定图书馆各种类型读者的比例和数量,以及读者登记与借阅卡的发放等工作。其意义在于通过对读者的科学组织,掌握各种不同类型读者群的需求规律和心理特征,在提供一般服务的基础上,进行重点服务,从而最大限度地满足读者的需求。二是指从图书馆具体工作的角度出发,成立和组建各种不同类型的读者个体参加的读者活动组织。如"读者沙龙"、"读者协会"、"读者委员会"、各类定期讲座等。各种读者的组织活动是为了创造良好的阅读环境和条件，提高读者的阅读能力和阅读水平，培养读者图书馆意识所展开的一系列组织活动。它是随着现代社会图书馆读者主体意识的崛起而发展起来的，是图书馆在不断提高服务质量的过程中所开拓的读者服务新领域和新途径。其意义在于图书馆读者也是一种资源，为了更好地面向社会、服务社会，图书馆不仅要充分发掘和利用各种图书馆资源进行社会性服务，同时还要充分发挥图书馆读者的智慧，组织读者参与图书馆事业的管理和活动，从而提高图书馆在社会中的地位，实现图书馆的各项社会职能。

在图书馆读者队伍中，客观地存在着重点读者与一般读者的区别。重点读者是图书馆的重点服务对象和研究对象。确定重点读者，要把图书馆和读者两方面的情况结合起来考虑。一方面要考虑图书馆的主要性质、任务与藏书结构；另一方面要考虑读者利用图书馆资源的目的以及对图书馆的依赖程度。读者是担负科学研究任务的、系统自学的、还是一般性阅读的；是经常利用图书馆的，还是偶然利用图书馆的；是经常反映阅读需求和阅读效果的，还是不常与图书馆取得联系的。

总之，应当根据图书馆的实际情况，确定不同类型、不同成分的重点读者；同时也要根据读者的实际需求情况，确定重点读者的组织条件。一般来说，图书馆的重点读者应包括利用图书馆资源进行系统学习和从事科学研究的读者。此类读者对图书馆资源的依赖程度比较高，并能经常利用图书馆资源，与图书馆保持密切联系，积极反映阅读需求和阅读效果，是图书馆服务的重点读者对象，应给予各种优惠服务。

图书馆读者队伍的组织，除了确定重点读者之外，还应根据社会经济建设的发展，以及社会和读者对图书馆资源的利用状况，及时地对图书馆读者队伍进行调整。在通常情况下，调整读者队伍，应考虑三个方面的变化因素：第一，国家和地区经济建设及科学文化教育事业发展的变化情况。图书馆只有以国家和社会的发展为主要服务目标，才能生机勃勃、日益发展。社会的发展又是造就一支广泛的、活跃的读者队伍的重要因素，是决定图书馆知识交流和信息传递的规模、范围、开发程度、吸收能力的基础。一般来说，国家经济改革的势头、企业和机构的调整、社会经济成分的变动、工程技术与科学研究项目的发展等都会直接或间接地影响着读者对图书馆资源的需求，影响着图书馆读者队伍的变化。因此，在对图书馆读者队伍调整过程中，首先就必须根据社会的需要来进行，这是保证图书馆文献服务充满活力的根本条件。第二，图书馆读者队伍的实际变化。由于读者工作的调动、职业的变化、单位的撤销以及读者居住搬迁等原因，读者的借阅卡长期得不到利用，形成长期闲置的借阅卡。而许多需要利用图书馆资源的读者又因为领不到借阅卡而无法利用图书馆资源。因此，必须对持有借阅卡而又长期不去图书馆的读者进行调整。第三，图书馆藏书结构失调状况。在正常情况下，图书馆读者结构应与藏书结构保持大体平衡，才能最充分地利用图书馆藏书。否则，就会产生利用率下降的现象。为了充分开发和利用图书馆资源，就应该定期开展验证核实工作，调整撤销不适宜的读者部分，发展新读者，增减各类型读者成分数量比例，使读者队伍的构成与社会实际需要相适应，与馆藏结构相适应，与图书馆的任务和能力相适应。经过调整，不断提高图书馆读者队伍的质量，使图书馆资源得到充分利用，使应该利用图书馆的社会成员成为图书馆的正式读者。

二、读者队伍的发展与转化

对于图书馆来说，把潜在的读者转化为现实的读者，重视对广大社会成员的图书馆意识的教育和信息利用能力的教育，是充分发挥图书馆知识交流功能的一项十分重要的任务。加强图书馆的文献传递职能，扩大读者范围，增加信息用户的比重，促进知识信息的交流，为国民经济建设提供全方位的服务，是图书馆生命活力的体现，它标志着图书馆工作发展的更高层次。

1. 图书馆发展读者应考虑的因素

一般来说，读者的形成和发展与人们生活的社会环境有着密切的联系，因为社会环境既是促进人们求知欲望和滋长信息意识的土壤，又是决定人们对知识和文献需求程度的重要因素。社会政治、经济发展的趋向，市场调节和竞争的手段，企业经营的方式，科学研究的规模和能力，抉择系统的建设和抉择过程的科学化程度等，都是人们进行社会信息传递的根本条件；而社会科学技术的发展水平，社会教育的普及与提高程度，社会的文化和心理特征等，又是激发人们对文献需求、产生阅读行为的重要因素。在现代社会里，科技知识在更广泛的程度上转化为直接生产力，构成社会生产、技术进步、生活改善中不可缺少的决定因素，知识的社会价值得以充分实现，这样尊重知识、尊重人才真正成为社会的普遍风尚，人们的信息意识才能普遍增强。而全民族文化水平的提高，高学历人员比例的增加，科学研究不断深入发展，国内外学术交流日益频繁，以及社会对精神文明建设的重视等，是进行社会信息传播与交流的有力保证。只有在这样的社会环境条件下，才能出现一支庞大的读者队伍和多样化的文献需求，才能促进图书馆文献交流功能的发挥。所以，社会环境是造就一支广泛的、活跃的读者队伍的重要因素，是决定社会文献传播和信息交流的规模、范围、开发程度、吸收能力的基础。因此，图书馆读者队伍的发展，必须从社会发展的整体意义出发，分析图书馆与社会之间的关系，在促进社会各方面发展的同时，求得自身的发展。

人们通常认为，图书馆读者队伍的发展，应该考虑三个方面的问题。

第一，各类型的图书馆的主要服务任务及其提供服务的可能条件。由于各种类型的图书馆具有不同的工作性质和服务任务，在发展读者、充分利用图书馆资源的过程中，就应该根据本身的工作性质和任务来确定发展的对象。如公共图书馆是面向公众开放的图书馆，担负着为科学研究服务和为大众服务的双重任务。在促进国家政治、经济、科技、文化、教育事业的发展，提高全民族科学文化水平方面起着重要作用。因此，公共图书馆读者队伍的发展，应充分体现其所有的特点，向整个社会提供服务，使每一个社会成员都能充分利用图书馆资源。同时，公共图书馆还应改善文献传播与交流的方法与技术，变被动形式的服务为主动的、针对性强的服务，以积极有效的方式更多地参与到读者的社会实践活动之中，吸引广大的潜在读者利用图书馆资源。除此之外，发展读者还应考虑图书馆的各种可能条件，具体来说，包括：图书馆的馆藏条件－图书馆藏书的规模、藏书结构及其比重等；馆员条件－图书馆读者服务工作人员的数量、知识结构及其服务能力；馆舍条件－图书馆的空间容量与设备条件等，这些是满足读者需求、壮大读者队伍不可缺少的重要因素。

第二，各地区、各系统政治、经济、科技、文化、教育发展的实际需要。社会的文献需求是推动图书馆事业发展的强大动力，为社会的国民经济建设和科学技术服务，是图书馆现代生命力的具体表现。因此，发展读者必须根据社会发展的实际需要，如地区或系统的经济运行特点，科学文化教育事业的发展状况，厂矿企业体制改革的重点问题，科学研究的攻关项目，机关学校的现实工作，以及各行各业、各阶层有文献需求的社会成员，都可以作为图书馆服务和读者发展的对象。只有这样，才能最大限度地发挥图书馆资源的社会作用。

第三，地区或系统图书馆事业发展状况及其图书馆的馆际分工与协调。图书馆事业的发展直接影响到读者服务的范围和规模。由于图书馆事业是一个整体的社会事业，在满足整个社会文献需要的过程中，各类型图书馆都客观存在着一个相互联系和相互制约的内在机制。因此，图书馆读者队伍的发展，也应本着全面规划、统筹安排、分工协作、紧密联系的原则，在分工协作的基础上，最大限度地满足社会文献需求。一般来说，各系统图书馆主要是将本系统的社会成员发展成为正式读者，公共图书馆则主要把各阶层的社会成员发展成为公共图书馆的正式读者。个人读者按照就近利用图书馆的原则，成为最近的图书馆各项资源的利用者。具有特殊需要的读者可以通过单位和组织，与图书馆建立起各种借书关系，或通过馆际互借方式加以解决。

2. 潜在读者转化成图书馆的现实读者

潜在读者系相对于现实读者而言，指那些具有阅读能力但暂时尚未利用图书馆资源的社会成员。图书馆发展读者的主要任务，就是将这些潜在读者转化为图书馆的现实读者。现实潜在读者向图书馆现实读者转化的一个非常关键的因素，就是将读者潜在的需求转化为现实的需求。从理论上分析，读者需求是使读者产生阅读行为最基本的动力，是一种心理状态，通常以个人愿望、意念的形式表现出来。它并不由个人意志所决定，而是由人与人、人与自然的关系以及其联结形成的社会环境所决定。社会不但产生着人类需求的对象，也产生着需求本身。由于读者自身的发展与社会环境的变化，因而导致了读者需求的不断发展变化。读者需求广泛地存在于读者的社会活动之中，有的可以被读者所感受和表达出来，这种被读者所表达出来的需求，在日常的读者服务工作中称之为现实需求，它直接导致了读者查找文献、阅读文献、利用文献的行为，通过一系列行为活动来满足这些现实需求。而另一部分未被读者所感受的需要或者感受到而未表达出来的需要，就是读者潜在需求，它是客观存在的需求，只是由于各种社会环境因素和自身主观因素的影响而未表现出来。图书馆要将潜在的需求转化为现实的需求，把潜在读者发展成为现实读者，则要积极地创造条件，诱导和促进读者需求的转化。

首先，图书馆应积极地开展阅读指导活动，端正读者的人生态度和个人价值取向。要做到这一点，图书馆就应重视创造良好的阅读环境，给读者以健康文明的影响和熏陶，以正确的世界观和方法论对读者进行正面的教育和引导。尤其是在市场经济条件下，面对各种经济的冲击，人们的价值观发生了很大的变化。如何树立高尚的精神境界，正确处理好"社会与个人"的关系，不仅是社会精神文明建设的主要内容，而且也是图书馆读者服务和读者教育的重要任务。因此，图书馆在进行政治思想导向教育的同时，还要加强人生观的价值导向，为读者推荐好书，宣传好书，让读者在阅读中潜移默化地接受正确的人生观，引导读者树立健康向上的积极进取的人生态度和价值观。

其次，应增强读者的图书馆意识。读者的图书馆意识直接影响着对图书馆资源的利用程度，而社会的图书馆意识又是决定图书馆生存和发展的重要因素。长期以来，造成我国图书馆资源利用率不高的一个主要原因，就是社会的图书馆意识不高，广大公众对图书馆工作及其任务缺乏了解和利用能力。

为此，图书馆要树立主动服务的思想，把提高读者的图书馆意识作为一项经常性的工作来抓，并贯穿于图书馆工作的各个方面和各个环节、层次，并引起全社会的重视和支持。同时，也要重视自身的宣传，要让广大的社会成员充分了解利用图书馆在其工作、学习和生活各方面的重要意义，借以激发读者阅读和利用图书馆的愿望，从而积极和自觉地利用图书馆资源。

第三，提高读者对图书馆资源的利用能力。图书馆利用能力是一个综合能力，是成为图书馆读者的根本条件和保证，通常包括读者的阅读能力、查找文献的能力及利用文献的能力。其中，阅读能力是读者的基本能力。一般来说，潜在读者包括两类社会成员：一类是有阅读能力，但无利用图书馆的条件；另一类则是有特定的文献需求，有利用图书馆的条件，但无利用图书馆的能力。对于这两类社会成员，图书馆应该通过各种途径将他们组织起来，授以利用图书馆的知识。如开办图书馆知识讲座，介绍图书馆的馆藏情况、业务部门的设置、服务范围和服务内容，以及利用图书馆的方法，帮助读者获取阅读能力，巩固和提高利用图书馆资源的能力，为激发和满足读者潜在需求创造良好条件。

第四，扩大读者服务范围，改进读者服务工作的组织，提高服务质量，以良好的图书馆形象吸引和影响读者利用图书馆。图书馆资源的利用与否，在很大程度上还取决于图书馆读者服务工作开展得好坏和图书馆作用发挥得大小。图书馆工作开展得好，图书馆作用发挥得充分，则可以取信于社会，吸引社会对图书馆的利用，扩大社会公众对图书馆的依赖程度，促进潜在读者向现实读者的转化。反之，则会制约社会对图书馆的利用，甚至危及图书馆的生存和发展。因此，搞好图书馆工作，充分发挥图书馆的社会职能，是形成和提高社会图书馆意识的关键，也是发挥读者、壮大图书馆读者队伍的重要因素。

三、图书馆现实读者转化为积极读者

潜在读者转化为现实读者之后，仍然存在着继续发展的过程。图书馆如果不能把握这个过程，现实读者还会逆转。因此，加强读者培训，不断提高读者获取知识、信息和文献的能力，掌握利用图书馆的方法，开展丰富多彩的读者活动吸引读者，是巩固读者队伍的有效措施。

发展和巩固读者队伍的最高境界，是培养一大批读者积极分子。积极读者是指以读者身份直接参加图书馆服务和管理工作的社会成员。积极读者把被服务者与服务者统一在一起，把权利和义务统一在一起，从深层次上揭示了读者与图书馆系统的关系，以及读者与社会的关系，体现了以读者为主体

的现代图书馆学思想。

实现现实读者向积极读者的转化，首先是要对读者进行文献知识的教育，使读者了解和掌握图书馆文献资源的类型与特点，以及使用方法和条件上的特殊要求，为读者充分利用不同载体形式的文献打下牢固的基础。其次是要对读者进行文献检索的教育，提高读者的文献检索能力。使读者能够通过各种检索工具，查找和选择所需要的文献。尤其是在现代图书馆中，大量的文献信息都记录和贮存在数据库中，如何通过计算机检索系统选择和确定文献，是图书馆资源利用的关键问题。因而辅导读者正确使用各种检索工具和检索系统，是巩固读者需求和利用图书馆的最基本的措施。第三，帮助读者熟悉图书馆的业务工作和各项服务措施，使读者掌握图书馆学知识和方法，这是提高读者利用图书馆的自觉性和积极性的有效途径。尤其是在自动化和网络化的条件下，掌握有序化文献信息的知识和方法是十分重要的，它能使读者更加快捷、更加广泛、更加准确地选择文献，满足其需求。同时也为读者参与服务、参与管理打下基础，为现实读者转化成积极读者创造了条件。

总之，发展读者，培养一支积极读者队伍是依靠读者力量办馆的具体体现，其实质是促进图书馆事业的蓬勃发展。尤其是在市场经济条件下，读者发展工作更应该得到加强，它不但是发展社会主义经济的需要，更是加强社会主义精神文明建设，提高国民综合素质的迫切需要。

第二节 读者与图书馆读者

一、读者概念与实质

读者作为社会历史的产物，是随着社会经济的进步和人类文明的发展而形成的。读者作为一种社会性的概念，主要是指具有文献需求的阅读能力，从事阅读活动的社会成员。在阅读活动中，读者是具有积极因素的主体，同时也是文献作用的客体与对象。读者不能构成特定的职业和社会阶层，它分散存在于一切社会行业和社会阶层之中。任何社会成员都可以根据自己的需要开展阅读活动，都可以成为读者。从人类社会文明发展的过程来看，读者的形成需要一定的客观条件（即社会条件）和主观条件。

1. 形成读者的客观条件

（1）物质生活的丰富是社会成员开展阅读活动的根本条件

众所周知，阅读活动之所以开展，是因为人们有了一定的文献需要，而文献需要又是人的各种需要的一种，它来自人的社会实践发展，来自社会物质生产之中。正因为文献需要形成于社会，所以它的发展也直接源于社会的发展。社会是人们以物质生产活动为基础的相互关系的总和，物质生产活动是社会的基础，社会的发展本质上是物质生产的发展，即生产力的发展。随着社会物质生产的发展，人们生存的社会范围不断扩大，人的社会实践活动不断丰富，人的精神活动空间不断扩大，一方面激发了人们众多的文献需要，另一方面，文献需要的对象即文献产品丰富了，从而使形成于社会实践中的文献需要不断发展，最终导致了文献阅读活动的不断发展。

（2）文献生产方式的社会化是开展阅读活动的直接条件

文献生产是精神生产和物质生产的结合。在长期的社会实践活动中，人们积累了知识，并通过文献进行精神上的交流。因为文献记录了人类的社会知识，是以知识和思想为内核的载体。通过文献的社会化生产和传播，可以进行社会意识的交流，从而满足人们精神需要。在没有文献产生之前，人们交流思想、感情、对客观世界的认识，以及关于物质生产的知识，都只能依靠口头语言来进行，人们被封闭在很小的空间和时间范围内，过着与外界隔绝的刻板、单调的生活。但自从有了文献的生产，在继天然材料载体的手工文献之后，又出现了造纸和印刷技术，人类的生活开始了惊人的变化，人们的精神交流打破了时间和空间的界限，人类文化和知识的传播更多地借助于文献，通过个人的阅读活动来进行。尤其是随着社会科学技术的发展，文献生产方式发生了重大的变化，文献内容所容纳得越来越多，涉及的范围越来越广，其流通传播的领域日益广泛，使人们得到的知识信息成倍增加，新的观念和思想在传播渠道中广为流传，人们借助文献获取知识和文化，交流学术与思想，了解社会与自身，促进工作，满足娱乐，改善生活，使社会的物质文明和精神文明得到极大地丰富。由此可见，文献生产的社会化，使人类社会精神交流的规模急剧扩大，效率急剧增强，因此是开展社会性阅读活动的直接条件。

（3）人们基本文化素质的提高是使广大社会成员开展阅读活动的重要条件

文献是文化、科学知识的载体，它记载了千百年来人类丰硕的知识成果。人们通过阅读活动，继承前人遗留下来的文化成果，掌握社会生活所必需的知识、技能、行为方式、生活习惯，以及社会的各种思想观念，进行自身的社会化改造，以适应社会发展的需要。尤其在现代社会里，复杂的生产劳动，高、精、尖的技术设备，对劳动者素质和职业技能提出了越来越高的要求。因此，人们在社会化进程中，必须经常地、普遍地开展阅读活动，接受社会教育，学习社会知识，以提高自身的科学文化知识和思想修养。人们自身素质的提高，又促进了阅读活动的开展。

2. 形成读者的主观条件

然而，一个人成为读者，还必须具有一定的主观条件。一般来说，一个人由一般的社会个体获得读者身份，应该具有以下几个方面的条件。

（1）强烈的文献需求

读者阅读行为的开展是读者内部意识与外部现象相互作用的结果。在读者内部意识中，文献需求是最本质的、起主导作用的因素，它制约和影响着读者的其他内部意识活动，如认知、情感、意志、动机、兴趣、态度等心理过程的发生和进行，是决定读者行为的根本动力。只有具备了强烈的阅读愿望，才能使读者主动去寻求满足需求的文献和信息，开展阅读行为。因此，它是社会成员成为读者的首要条件。

（2）一定的阅读能力

它是每个读者所具有的必要条件，也是任何一个社会成员成为读者的条件。由于文献是科学、文化、知识的载体，读者对文献的利用是一种精神交流的具体表现。对于任何一个能阅读的社会成员来讲，都必须具有一种接受科学文化知识、理解科学文化知识、吸收科学文化知识的共同能力，才能保证交流的顺利进行。这种能力就是阅读能力，它作为读者的根本属性，对读者行为具有本质性的意义。

（3）从事现实的阅读活动

社会成员成为读者的一个显著特征，就是他必须对某种文献实施了一定的阅读行为。因此，阅读行为是具有读者身份的社会成员与不具有读者身份的社会成员之间的根本区别标志。当社会成员与文献未发生任何联系时，即使具有阅读能力的人，也只能是社会芸芸众生中的一员，不具有读者身份。一旦他与文献发生了某种联系，或借阅或购买时，他便具有了读者身份而有别于其他社会成员。所以，现实的读者总是具有一定阅读活动的人。阅读活动使人从一般社会个体成为读者，是读者的象征。

文献需求、阅读能力和阅读活动构成了"读者"这一特定概念的本质特征和特定内涵。读者是利用文献的主体，文献必须通过读者的阅读活动，才能体现其价值与使用价值；读者通过阅读活动获得知识、信息，从而实现人类文化的交流、继承与创新；读者在阅读活动中有自己特定的阅读心理活动，它即取决于读者的修养水平以及阅读动机、目的和条件，也受着各种社会环境条件的制约和束缚。

二、图书馆读者

图书馆读者是一个特指的概念，通常是指具有文献需求和阅读能力，并充分利用图书馆资源的个体和社会团体。它是一个特定范围的读者，是社会读者中最为活跃的一部分。图书馆读者是图书馆服务的对象，图书馆的一切业务活动，都是以组织和指导读者的阅读活动为目的的。作为一种社会的宣传教育机构，图书馆的各项社会功能都体现在读者阅读活动的效益上。所以，读者是接受图书馆作用的对象，读者的阅读活动时刻都在接受图书馆工作的影响。同时，读者对图书馆资源的利用，一般都具有强烈的自主性。读者是图书馆真正的主人，图书馆的各种资源以及全部的业务活动都是以读者为核心的，其内容与规模是以读者的需求为根据，在充分尊重读者自主性的基础上，为读者提供全面的文献服务，从而满足读者文献需求。图书馆读者数量庞大，成分复杂，类型多样，涉及极其广泛的社会成员。通常图书馆读者可以分为现实读者和潜在读者两大类型。现实读者是指在图书馆活动中有阅读行为的社会成员，其中包括图书馆的正式读者和临时读者。

我们应当看到，图书馆虽然是当代社会知识交流的一个实体，但它的交流功能至今未能得到较好的发挥，即使在图书馆事业较发达的国家里，也程度不等地存在着这种问题。解决问题的关键在于使图书馆如何变被动的服务方式为主动的、有针对性的服务方式，如何有效地积极参与社会知识交流和文献信息的传递过程，以吸引那些潜在的读者充分利用图书馆资源，使图书馆真正成为人类文化知识的"喷泉"。

三、读者结构

所谓"结构"，就是组成一个整体的各个因素之间稳定的联系。按照辩证唯物主义的观点，任何事物都不是毫无次序的罗列和堆积，而是按照一定的形式有序地组合而成。虽然图书馆读者是一个松散的群体，彼此之间没有固定的联系和组织形式。但是，由于读者之间所处的环境、文化教育和社会任务相同或相近，使这些读者很容易产生共同的情绪、需求、观念和态度等。因此，在阅读活动中必然产生各种各样的联系，如相同的阅读需求、相同的阅读兴趣等。同时，又由于读者本身的年龄、性别的差异，使读者在文献的需求和选择利用上表现出各自不同的特点。所以我们认为，图书馆读者也是有层次的，它是由不同层次的读者群组成的有机系统，是由不同成分、不同类型、不同范围、不同数量的读者群所构成的整体。因此我们所说的读者结构，从宏观上来说，是指构成图书馆读者队伍内在联系的各种因素（包括构成读者队伍的社会因素和自然因素）。

构成读者队伍内在联系的各种社会因素主要有读者的职业结构、知识结构、民族结构等；构成读者队伍内在联系的各种自然因素主要有读者自身的年龄结构、性别结构、生理结构、地域结构等。宏观读者结构是指某一具体图书馆的读者构成。它是由不同类型、不同职业、不同文化素养的读者所构成的组织体系。研究读者结构有利于我们掌握读者队伍的现状及其发展变化趋势，为做好读书服务工作提供可靠的依据。一般来说，读者结构在不同程度上影响着读者群的排列组合，影响着读者对文献需求的程度和文献利用的深度、广度。同时，不同的读者结构还影响和制约着图书馆的藏书结构，两者之间相互适应、相互调整，共同完成图书馆系统的正常运行。随着读者结构的发展变化，藏书结构要进行相应的调整；而当一定的藏书结构建立之后，对图书馆的读者结构也需进行相应的调整，否则会降低藏书的流通率，形成滞书、死书。总之，读者结构反映了图书馆的基本读者队伍，表明了图书馆的主要服务对象。它是读者服务工作研究的主要内容之一。

读者结构是客观存在的，同时也是无形的。任何一个图书馆都有其与工作性质和任务相适宜的读者结构。

四、读者结构类型

1. 职业结构

所谓职业，是指通过社会分工，要求人们所从事的某种具体工作。它既是社会分工的需要，也是人们赖以谋生的手段。我们所说的职业结构，是指读者在文献阅读过程中所体现出的各种职业需求的比例。它主要表现在阅读中的职业需要、职业兴趣、职业爱好等特征上。这种职业结构的作用主要表现在它能反映出读者稳定而持久的阅读倾向。

人们通常所说的职业结构往往是指就业后的读者队伍的一种组合形式。实际上，在一些尚未就业的读者中就已经存在着一定的职业特征。尤其是对从事专业学习的学生（大中专生）来说，这种职业的特征表现得更为明显。这群读者在入校之前就进行了职业的选择和定向，在思想上为今后的职业工作进行了充分的准备，心理学上称为"定势"，这种职业的定势，对读者的阅读范围有着决定性的作用。这个时期的读者，已具有初步的职业意识，主要表现在主动掌握有关职业的基本业务技能、培养职业素质和职业兴趣上。所以，读者的职业结构是广泛的，它不但可以构成各种社会职业的读者群，而且还对社会职业的后备军的阅读倾向有着重要的影响。可以这样说，不同的职业结构，可以构成不同类型的读者群；稳定的职业结构，对读者的阅读活动起着决定性的作用，它将在较长的时间内限制和影响读者的阅读方向和阅读内容。

2. 知识结构

所谓知识，是指人们对客观事物、现象和过程的反映，是人们运用自己的智力和能力认识客观世界的结果。这种认识客观世界的智力和能力来源于人们的文化程度和科学范围。而知识结构则是指读者在文献阅读过程中表现出的文化程度和科学范围的需求比例。它主要表现在读者的文化特征上，即具有一定教育程度和文化水平的读者对文献需求上所表现出的内容深度、阅读方式、阅读目的的层次级别。知识结构的作用主要是能够反映读者文献信息的接受能力和利用方式。一般来说，具有不同知识水平的读者，在文献的阅读范围、内容深度上有着很大差别，对图书馆的利用方式及需求价值上也有着明显的不同。如：具有较高知识水平的读者（科研读者、教师读者等）对文献的需求上主要表现为二次文献和三次文献的需求，更多的是利用图书馆的外文资料和特殊资料，通常以参考咨询和文献检索为主要利用方式。而一般读者大多需用中文普通文献。有人曾经做过一个调查，了解青年学生（大、中学生）对古、今、中、外文艺作品的需求情况。其结果表明，在当代青年学生读者中，大学生读者对古代文学作品和外国文学作品明显高于中学生读者；中学生读者对现代文学作品的需求略高于大学生；对外国文学的翻译作品的需求，大学生读者和中学生读者大体相当。这个调查结果证明，不同文化程度和知识结构的读者，在文献需求上是有很大差别的。所以，读者的知识结构直接影响着读者接受文献的信息量，同时也影响着读者阅读文献内容的深度和广度。在图书馆这个文献交流系统中，它又直接影响着图书馆藏书体系的构成比例。

3. 年龄结构

年龄结构是整个社会读者智力构成的一个重要的亚结构，它是指图书馆读者队伍中各个年龄组的构成比例。其作用在于反映不同年龄阶段的读者在接受文献和理解文献过程中的心理素质及智力状态，是读者智力构成的一个十分重要的方面。

年龄是人类的自然属性，大至一个社会、一个单位，小至一个家庭，都是由不同年龄人组成的，不同年龄的人有着不同的智力和社会任务，因而对文献的需求层次也表现出明显的差别，体现出不同的阅读兴趣、阅读目的和阅读方式。如少儿读者主要以阅读童话和故事书籍为主；青年读者以阅读社会流行作品和科普著作为主；老年读者以阅读传记、回忆录为主。因此，图书馆对读者的服务必须针对其每个年龄组的读者表现出来的各种特点来进行。目前，随着科学技术的迅速发展，知识陈旧周期的不断加速，新的知识以排山倒海之势不断涌到人们面前。尽管年龄的增长仍伴随着知识的积累，但是，人们的知识水平与年龄之间已没有非常明显的因果关系了。从大量的科学发明史中可以看出，科研成果的绝大部分出自于青年与中年之手。特别指出的是青年读者，由于求知欲强，阅读兴趣广泛，通过阅读，能促进他们的智力开发和世界观的形成。所以，图书馆要特别注意加强对青年读者的研究和指导，帮助他们学会利用图书馆和图书馆里的参考工具书。所以，读者的年龄结构可以直接影响读者利用图书馆的方式，影响读者接受文献内容的层次和水平。

4. 性别结构

性别也是人的自然属性。由于性别的差异，读者在阅读过程中表现出来的心理活动具有较大的差异。大量的调查研究表明，男性大都具有较强的竞争意识和攻击性，富于理性和自信心。他们理想远大，自我控制能力较强，善于进行抽象思维。女性大都富于感情和依赖性，善于形象思维，进取心弱于男性，更愿意寻求他人的帮助。这些心理活动特征深刻地影响着读者的图书馆活动，影响着读者对图书馆资源的利用。辽宁省图书馆在对读者结构进行调查中发现，图书馆读者队伍中，男性读者占 75.93%，女性读者占 24.07%，男女读者比例为 3.15∶1。造成女性读者偏低的原因主要有两个方面：一是由于历史原因，我国女性文化素质偏低。全国第三次人口普查统计表明，女性 30~34 岁、35~40 岁年龄段中，文盲、半文盲的比例为 40.31%和 43.40%。二是家务劳动繁重。具有关资料统计，已婚女职工平均每天家务劳动时间为 3.97 小时，比已婚男职工高 1.25 小时。除此之外，性别结构在阅读兴趣、阅读能力和阅读方式上也都表现出较大的差别。在阅读兴趣上，男女读者对文献内容的选择上具有不同的指向；在阅读能力上，男女读者表现出不同的技能优势；在阅读方式上，男女读者则表现出不同的性格特征。

5. 民族结构

读者队伍的民族结构是一种社会因素。由于我国是一个统一的多民族国家，各民族的政治、经济、文化、教育的发展以及语言文字的应用各不相同，各民族具有不同的民族特点。因而，不同民族的读者在阅读行为上存在很大的差别。特别是在多民族地区，这些差别表现得尤为突出。统计数字表明，图书馆读者的民族构成中，汉族读者占绝大多数。其他民族的读者在数量上虽然不如汉族读者多，但对他们的文献需求应给予特别重视。在少数民族聚居地区，图书馆应花大力量搜集民族文字的书籍，并做好服务工作。

6. 特殊生理结构

对于丧失部分生理机能的读者群，我们称之为特殊生理结构。这些读者尽管生理上有缺陷，但大脑健全，与正常人一样，具有特定的文献需求和阅读能力。受生理方面的影响，他们在阅读文献类型、阅读手段和服务方式上，有特殊的要求。如盲人读者通过触摸阅读盲文读物，聋哑读者通过手语进行阅读。因此，图书馆应为这些特殊生理结构的读者配备听觉资料、视觉资料和播放、录制设备并送书上门，以多种服务方式给予热情、周到的服务。

五、读者结构特点

无论什么样的读者结构都具有如下特点。

第一，读者结构是一个具有内在联系的组织系统。读者结构不是松散的、零乱的、毫无联系的读者个体的集合，而是由一个个不同成分、不同类型、不同范围、不同数量、不同层次的读者群所构成的综合体。在这个综合体中，一定数量的读者个体构成了不同成分的读者群，并体现出具有共性特点的文献需求。而不同类型的读者群体又构成了整个读者结构的各个组成部分，并且相互联系形成一个有机的整体。

第二，读者结构是一个不断发展变化的系统。读者结构是一个相对稳定的组织系统，这种稳定性只能在特定的时间范围和特定的空间范围之内体现出来。但是，随着社会的发展和变化，读者需求也将发生变化。读者的需求变化，带来了读者行为上的变化，而读者行为的变化最终将导致图书馆读者结构发生变化。因此，读者结构又是一个动态结构，随着社会的变化，以及读者结构各组成要素或组成部分的变化，整个读者结构也会发生相应的变化。

第三，读者结构从整体上反映图书馆读者队伍的状况。读者结构反映了图书馆读者队伍的构成状况，各类型读者群的比例决定了文献利用的特点。任何一个图书馆的读者队伍，都是由特定范围、特定数量、特定类型、特定成分的读者群所构成，各级各类图书馆，有不同的读者群，因而就有着不同特点的读者结构。相对而言，公共图书馆读者类型相对复杂，成分多样，数量众多，其读者队伍的构成状况比较复杂；专门图书馆的读者结构比较单纯，通常由对口专业的读者群所组成，体现出专业化的文献需求特点。高等学校图书馆的读者队伍结构具有层次性和系统性特点，介于中间状态。通过图书馆读者队伍的结构状态，就可以大体了解读者需求的整体特色。

读者结构最基本的构成要素是读者个体，它直接决定读者结构的状况。可以说，读者个体的数量决定了读者结构的大小，读者个体成分的复杂性决定了读者结构的复杂性。当一定数量的读者个体按其内在联系进行排列组合，就形成了具有某种共性特点的读者群。读者群是读者结构的基本单位，它反映了读者结构中各类读者的比重与特点，是读者结构构成状况的具体体现，是对松散、无序的读者个体进行分门别类地划分和组合的结果。它使各种各样的读者个体形成一个个具有共性的群体，从而形成具有某种内在联系的组织系统。由此看来，读者结构实际上是把一定范围内一定数量的读者个体分门别类地划分和组合成若干个读者群之后，再把各读者群有机地结合在一起。因此，它是一个人为的组织系统。

第三节 读者类型

读者类型是图书馆读者结构中的基本构成因素。图书馆多种多样的读者群，形成了各种不同类型的读者，不同类型的读者具有各自不同的特征。这些特征形成了读者的社会经历与社会生活地位，体现了读者特定的文献需求和阅读行为。为了更深入地研究读者，掌握读者阅读需求规律，更好地满足各类读者需求，就要将结构复杂的读者队伍，按照某种标准进行区分和组织。由于读者阅读需求和阅读能力千差万别，其社会职业、文化程度各不相同，因此应采用不同的划分标准来区分读者类型。

一、划分读者类型的主要依据

读者类型是图书馆读者队伍的基本构成因素。我们在确定划分读者类型的标准时，必须遵循如下几项原则。

首先，要选取对读者及其心理的变化最为密切的因素作为划分的依据。如在同一所大学里划分读者类型，应按照读者进校的年限来区分，因为不同年级的读者在阅读兴趣和阅读范围上有着很大的差别，所表现出来的心理承受力也不一样。

其次，划分读者类型的标准不宜过繁，因为读者是处在特定社会环境中的人，具有一定的复杂性，如果我们采用过多的标准来区分读者，必然会给自身的工作带来许多不利。因此，在确定划分依据时，应力求突出重点，足以说明问题即可。

再次，划分读者的依据要便于判断。否则将影响读者分析的准确性，并降低区分读者类型的作用。

一般来说，划分与组合读者类型的主要依据之一是读者的各种结构特征。许多读者类型就是依据读者自身的职业结构、年龄结构与文化知识结构划分组合而来的。如根据读者的职业结构，可以把读者划分为工人读者、农民读者、教师读者、军人读者等；根据读者的知识结构，可以把读者划分为一般读者、专业读者等；按照读者的年龄结构，可以分为儿童读者、少年读者、青年读者、中年读者、老年读者等；根据读者的性别结构，可以分为男性读者和女性读者；根据读者的民族结构可以分为汉族读者、少数民族读者等。总之，划分读者类型应以读者自身结构特征能反映不同类型读者群的共性特点为基准。

划分与组合读者类型，不仅要根据读者的各种结构特征，还要根据读者在图书馆的活动方式进行区分。读者在图书馆的活动方式主要是指读者在图书馆的借阅权限和组织形式，也是划分与组合读者类型的主要依据之一。按照读者在图书馆的借阅权限，可以划分为正式读者和临时读者。正式读者享有经常、固定地使用某一特定的图书馆资源的权限。临时读者是指在图书馆没有办理借阅证件或建立借阅关系，偶尔利用图书馆资源的读者。正式读者和临时读者对图书馆资源享有不同的使用权限。按照读者在图书馆的组织形式，可以分为个人读者、集体读者、单位读者三种类型。其中，个人读者是图书馆的主要读者群，包括不同成分的个人读者类型；集体读者是以小组为单位利用图书馆资源的读者类型，小组内的读者个体具有共同的读者需要和阅读方式；单位读者是以固定机构为单位利用图书馆资源的读者，包括建立了馆际互借关系的图书馆和图书馆的分支机构。

总之，划分读者类型主要有两种依据，即根据读者自身的结构特征和读者在图书馆的活动方式进行区分。通常是先将读者按其在图书馆的活动方式进行区分，然后再按照读者的结构特征进行深入的区分，组合成若干具体的读者类型，各类型读者在利用图书馆资源上体现出了各自的基本特点。

二、各类型读者的基本特征

1. 个人读者类型

个人读者是图书馆读者队伍的主要读者类型，是以个人为单位独立利用图书馆资源的社会成员。它通常又可以根据读者的结构特征划分为多种不同特点的个人读者。

（1）少年儿童读者

少年儿童读者也称为中小学生读者，是指 6~15 岁年龄段的少年儿童。由于他们处在半独立、半依赖、半成熟、半幼稚时期，受外界影响较大，行为上具有较大的可塑性。因此，图书馆员要帮助少年儿童养成良好的学习习惯，启发他们获取广泛的知识，打好基础，增强智力，使其朝着有理想、有道德、有文化、守纪律的方向健康成长，这是国家和社会关注的重大问题。这一时期的少年儿童，在阅读活动中表现出共同的特点，如爱读书又爱活动；求知欲强而学习时间短；阅读内容广泛而又通俗浅显；有初步理解能力而以形象思维为主。随着年龄的增长，在阅读活动中的自觉性、选择性和理解能力逐渐增强。对于少年儿童读者，图书馆应根据他们的各种特点提供思想性、趣味性、知识性、通俗性较强的文献信息和丰富多彩的文献服务，以启迪少年儿童读者的智力和想象力，树立起正确的人生观和奋斗目标，培养读者爱科学、学科学的优良品质。图书馆作为社会的教育机构，在配合学校教育，开展课外阅读活动，用社会主义、共产主义思想占领阅读阵地，丰富和扩大少年儿童的科学文化知识等方面，责任重大。

（2）大学生读者

大学生读者既是青年读者的一部分，又是学生读者的一部分，具有双重特征。作为青年读者，大学生在生理机制、心理机制上已经基本上完善成熟，世界观已经形成。在大学学习过程中，他们智力发展优良，生活独立性增强，思想活跃，抽象思维能力和观察认识能力显著提高，具有强烈的自我意识。作为学生读者，他们在学习内容、学习方法和学习能力等方面与中学生有很大区别。由于大学生接触的知识领域广泛而深入，并与即将从事的职业工作相联系，因此大学生读者的阅读活动通常要受到所学专业和未来职业工作的需要制约。为了成为合格的专门人才，成为德、智、体全面发展的大学毕业生，他们在大学生活阶段，系统学习政治理论、专业理论，以及综合性的科学文化知识，使自己具有较高的文化素质、合理的知识结构，由知识型向智能型、创造型、通用型方面发展。

作为图书馆读者队伍主要力量的大学生读者，在阅读活动中有着明显的特点。首先，图书馆作为第二课堂，对大学生读者具有重要的地位和作用。他们除了在教室接受系统的知识之外，将更多的时间运用到利用图书馆丰富的资源之中，他们在书海中吸取知识的养料，在网络上驰骋信息的疆场。随着学习阶段的深入，其阅读的自觉性、选择性和专指性日益增强，阅读方法技能日益提高，对文献的利用程度也逐渐加深。其次，大学生读者阅读广泛。大学生读者除了结合教学内容和专业性质进行系统阅读之外，还根据个人兴趣的发展，广泛涉猎大量的课外书籍，以提高自身的文化素养和工作能力、研究能力。因此，他们除了阅读专业文献外，还大量阅读各学科门类的文献，尤其是文学、哲学、历史、经济、艺术、法律、文化生活等方面的文献。第三，大学生读者对文献内容有着明确的要求，阅读层次和水平较高。大学生读者通过对文献的内容质量、内容范围以及文献的外观设计等方面都有着较高的要求，对那些内容有深度、有特色，反映最新学术成就和有独到见解的文献，大学生读者情有独钟，爱不释手；反映新学科、边缘学科、交差学科和科学方法论的文献，深受大学生读者的欢迎。第四，注重外来文化的吸收。大学生读者普遍注重外语学习，对外国学术著作、文学作品、国际知识，以及外国文化方面的文献十分感兴趣，是外文读物的积极阅读者。图书馆要针对大学生读者的各种阅读特点，提供必要的教学参考文献和大量精良的课外读物，为大学生读者创造良好的阅读环境和条件，吸引读者利用图书馆，并通过各种宣传、辅导、教育方式提高读者的阅读兴趣和阅读技能，使图书馆真正成为对大学生智力开发和人才培养的第二课堂。

（3）科技读者

科技读者通常是指各行业、各界层、各学科的科技工作者（包括科学研究人员、工程技术人员、医生、作家、文艺工作者等）。按专业技术职称，可以分为高级科技人员、中级科技人员和初级科技人员。科技读者是图书馆读者队伍中的主要读者类型和重点服务对象。由于科技读者是一个特殊的脑力劳动者阶层，他们分布广泛，分散在国民经济各部门，科学文化各系统，社会科学、自然科学、技术科学各个领域，从事着各种各样的工作。因此，不同系统、不同领域的科技读者文献需求各不相同，分别需要特定的文献类型和内容范围，来解决具体的研究课题和任务。在阅读活动中，科技工作者对文献内容和图书馆服务具有较高的要求，对文献内容的广度、深度和难度都远远超过了一般读者的水平，而且对文献的时效性也要求较高，通常需要最新的文献内容。在图书馆资源的利用上，不仅需要原始文献的利用，更注重对二次文献和三次文献的查找和利用，更多地需要综合性的服务。因此，图书馆为科技读者服务，不能停留在以提供整本书刊为主的一次文献服务水平上，应加强二次文献、三次文献的揭示与报道，开展咨询参考、文献检索等多种形式的主动服务，将图书馆的服务活动直接与科技读者的科研课题和任务结合起来，开展文献调研与服务，提倡参与式服务。为科技读者服务，其实质就是为科学研究服务，为生产技术服务，为经济建设服务。科技读者的文献需要，直接反映了社会主义现代化建设的当务之急和发展方向。因此，各类图书馆都要把科技读者作为重点服务对象，为科技读者提供各种利用图书馆资源的方便条件。

（4）教师读者

教师读者是指在各级各类学校从事教学工作的社会成员（包括普通高等

学校、各类成人高等教育学校、中等专科学校、中小学教师等）。教师读者是各级各类学校图书馆的重点服务对象，也是各级公共图书馆的服务对象之一。教师是人类灵魂的工程师，肩负着在教育战线上培养人才的重任，他们不但教育学生掌握科学知识，而且自身也要不断学习、不断充实和更新知识。因此，教师在个人广泛收集必备的教学用书的基础上，也要充分利用图书馆丰富的文献资源，他们是图书馆的积极利用者。由于各级各类学校的教学目的和教学任务不同，因而教师读者在利用图书馆资源的方式上存在着很大的差别。如中小学教师从事基础教育，肩负着为中等专业技术学校和高等学院输送人才，为社会各种职业工作培养后备力量的重任。由于他们担负着繁重的教学任务，因此，在利用图书馆的方式上表现为借阅有关教学参考资料、基础理论读物和思想文化修养方面的文献为主。而大学教师担负着教学与科研双重任务，对图书馆的利用比中小学教师读者要广泛、深入和经常。在阅读过程中，有着明确的阅读目的和集中的阅读范围，通常以专业文献和相关的二次文献为主。但是，不同专业、不同年龄层次和承担不同教学、科研任务的教师读者，在文献需求的内容与范围上各不相同，文献利用的深度与广度各不相同，图书馆资源的利用方式也各不相同。图书馆应深入调查和掌握教师读者的阅读需求特点，积极主动地、有针对性地为满足教师读者的需求，提供不同层次的文献服务。

（5）公务员读者

公务员读者是指从事管理和决策工作的各级各类、各行各业党政领导、组织管理人员以及广大的国家机关工作人员。由于各级党政公务员从事各种领导工作、组织管理工作和实际业务工作，他们需要考虑各种现实的或潜在的因素，作为制定政策、制定规划或实施管理时的参考。因此，公务员读者对文献的需求除了提高自身的科学文化知识以外，更需要战略性的综合动态信息，以及专业领域内的事实性资料。在图书馆服务上，我们应针对公务员读者的文献需求特点，开展针对性较强的服务工作，以提供全面系统的、综合性的，既聚焦十分强烈又具有全局观点的文献信息，满足公务员读者的特殊需求。

（6）工人读者

工人读者是图书馆读者队伍中的主要读者类型，他们人数众多，成分复杂，层次多样，广泛分布在厂矿企业、商业财贸、交通运输、建筑、邮电、服务行业及其他第三产业部门，是各级公共图书馆和工会图书馆的主要服务对象。在工人读者队伍中，青年工人读者群是图书馆的积极利用者，是图书馆一般读者队伍的重点研究对象。由于青年工人广泛接触社会，思想活跃，容易受到各种社会思潮的影响，因此在阅读活动中，对文献的需求上表现出追求社会时尚的倾向，对于反映社会某一现状、问题或某一热点的文献形成流行性的阅读现象。工人读者一般具有初中或高中文化水平，由于文化水平不高，故而在对文献内容的选择上多为文艺作品和普及性的读物。同时，他们还结合各自的工作和自己的兴趣，选择一些业务技术书刊和思想修养文献进行阅读以提高自己的技能和修养。在图书馆利用方式上，工人读者由于工作时间的限制，只能在业余时间利用图书馆资源。文化考核、专业技术职称的评定，社会对劳动者的智能和知识越来越高的要求，使工人读者越来越注重阅读文化补习和业务技术方面的文献，自学成才已成为工人读者群的努力方向和奋斗目标。因此，图书馆在为工人读者提供服务的过程中，应充分重视工人读者的各种文献需求和服务需求，加强阅读指导工作，向工人读者宣传好书，推荐好书，真正成为工人读者的良师益友。

（7）农民读者

农民占中国人口的绝大多数，是图书馆最大的潜在读者。在我国新一代的农民中，大多受到过初、高中教育。随着改革开放的不断深入，农村商品经济的发展，农民的职业成分发生了很大的变化，文化事业的发展，使农民读者的信息意识普遍增强，学科学、讲科学、用科学的社会风气日益高涨，人们的精神需求日益强烈。因而农民读者在文献需求上，表现出娱乐性、通俗性、知识性、普及性的特点。他们需要广泛阅读通俗易懂的农业科学技术文献，用来寻求发家致富之路；同时，农民读者以阅读具有浓郁生活气息、通俗易懂的文艺作品，来丰富农村文化生活。图书馆要根据农民读者的需求特点，做好相应的读者服务工作。如举办农业技术培训班，送书下乡，送技术下乡，使更多的农民读者意识到科技文献的重要性，尽快转化为图书馆的现实读者。

（8）军人读者

现役军人，是连队图书馆的主要服务对象，也是各级公共图书馆的大众读者类型之一。军人读者在文献需求上通常是以政治理论、军事技术、科学文化知识为主要内容。在图书馆的利用上是以外借、阅览形式为主。随着军地两用人才的培训，军人读者的阅读需要将向着广阔的科学技术领域方向发展，体现出理论性、技术性、可操作性、实用性特点。

（9）居民读者

居民读者是街道图书馆和各基层公共图书馆的服务对象，其中包括从事个体、集体劳动的就业职工，退休、离休的老年居民，以及各种闲散人员。随着我国经济体制改革的深入，为数众多的下岗职工将补充进入居民读者群中，成为基层图书馆的主要读者类型。由于广大的下岗职工在离岗之前具有一定的文化知识和岗位技能，因此在文献需求上，除了阅读文学作品以丰富精神文化生活之外，更需要阅读各种反映科学技术和科学文化知识的文献，以提高和改变自己的知识结构，寻求再就业的发展道路。对于下岗职工的文献需求，图书馆应给予充分的重视和关注，通过多种努力来最大限度地满足这一部分读者的文献需求。

（10）残疾读者

残疾读者是个人读者类型中的特殊读者群。他们虽然在生理上有一定缺陷，失去部分生理功能，难以从事正常的阅读活动；但在智力上，残疾读者（脑残疾除外）并无缺陷，具有与健康人同样的阅读需要和阅读能力。如我国当代保尔张海迪身残志不残，以顽强的毅力学习科学文化知识，学习外语，并翻译了大量外国文学作品，成为生活的强者。残疾读者在现实生活中，特别需要社会的帮助，需要图书馆的服务。各级图书馆应主动为残疾读者送书上门，普及和提高他们的科学文化知识，使他们能为社会作出贡献。个人读者类型的不同读者群是相对图书馆整体队伍而言的。各图书馆的个人读者类型，则应根据图书馆的具体情况而定。

2. 集体读者

集体读者是指以一定的组织形式（如读书小组、写作小组等）利用图书馆资源的读者。集体读者最突出一个特点、就是具有共同的需要和阅读方式。他们或同在一个具体单位，或从事同一种职业，或为同一工种、同一年级，或进行同一个项目的研究，在一定期限内，集体借阅一定范围的文献。各类型图书馆都有不同形式的集体读者，如公共图书馆的读者小组、借书小组、自学小组等；高等学校图书馆的学生小组、教材编写小组等；科研单位图书馆的科学研究小组等。

3. 单位读者类型

单位读者是指以固定机构为单位利用图书馆资源的读者。单位读者通常包括三种类型：（1）图书馆固定服务的单位。如由各类型图书馆直接提供文献服务的生产单位、科研单位、教学单位及其他组织机构。（2）图书馆的分支机构。如公共图书馆的馆外流通站、图书馆的连锁分馆、高等学校的院系资料室、科研机构图书馆的分支部门等。（3）建立了馆际互借关系的图书馆。单位读者作为图书馆的团体用户，其实际上是一个文献信息传递的中转机构。它的基本职能就是充当文献传递的"二传手"。一方面根据本单位读者的需求，向图书馆直接借阅或调阅文献；另一方面又直接传递给读者使用。它是以单位的名义借阅图书的组织。

4. 临时读者类型

临时读者是指偶尔到图书馆进行借阅活动的编外读者。凡无本馆借阅证件，或无正式关系而临时利用图书馆资源的读者，均属于临时读者。临时读者包括任何个人读者、集体读者和单位读者在内。一般来说，任何社会成员都可以利用图书馆资源，都可以成为任何图书馆的临时读者。一个读者只能是一个图书馆的正式读者，但可以成为许多图书馆的临时读者。各类型图书馆都要尽可能向社会开放，吸引更多的临时读者。

第三章 读者心理

　　读者心理研究是应用心理学的一般原理、知识和方法，对图书馆读者心理活动（包括读者的心理现象、心理过程和心理机制）进行分析和研究，从而掌握读者心理活动的产生与发展规律，为掌握读者需求动向，最大限度地满足读者的文献需求提供理论依据。我们研究读者心理的目的是为了了解读者心理活动过程，领会读者阅读需要、阅读动机、阅读兴趣、阅读能力等心理因素对读者阅读活动的影响。

第一节 读者心理研究的内容与意义

一、读者心理的涵义

　　心理现象通常也被称为心理活动，是除了客观物质现象外，存在于主体（人）自身的主观精神现象，如人的感觉、思维、情绪、意志等，简称心理。人的心理，是世界上最复杂、最微妙的现象。心理现象不同于物理现象，本身没有形状、大小、气味、重量等可直接感知的具体形态，因而不容易为人们所了解，但是它又并非神秘莫测，虚无缥缈，不可捉摸。因为人的各种心理活动是在特定的社会环境下，在人们的客观实践活动中产生出来的，同时又会对实践活动产生反作用。因此，通过人类的社会实践活动又可以分析人的各种心理现象，掌握心理活动的发展规律。

　　什么是读者心理？读者心理的内涵十分复杂，它包含了读者在图书馆活动中的阅读心理和检索心理。读者的阅读心理是指读者在阅读活动过程中表现出来的心理现象，它包括了阅读的认识活动和阅读的意向活动。阅读的认识活动是读者对文献载体上的文字、信息或符号感知的过程，包括感觉、知觉、表象、思维等一系列生理和心理的活动过程。读者经过这些过程吸收并理解文献中所包含的知识和信息。阅读的意向活动带有较多的个人心理色彩，它是受读者的先天特性和社会环境的影响而形成的读者个人的阅读需要、阅读动机、阅读兴趣、阅读能力等。阅读的意向活动是推动读者阅读的一种内部动力，它直接影响着读者的阅读倾向和阅读效果。读者的检索心理是指读者在文献检索过程中表现出来的心理现象和心理特征。它包括了读者的研究内容及水平深度，读者文献检索的共同心理特征，如求新、求准、求全、求快心理，以及特殊心理特征，读者的检索能力以及对图书馆工作评价的心理表现。读者心理的形成和发展是读者内部意识和外部环境现象相互作用的结果，是读者主观因素和各种客观因素相互作用的综合反映。掌握了读者心理的形成和发展，认识和观察读者行为就具有了充分的理论依据，了解读者的种种表现，就能及时把握和预测读者需求及行为的动向，为提供针对性服务打好基础。

读者心理，从主体而论，可以分为图书馆读者心理、社会读者心理。各种知识的交流和传递，都需要在全面了解读者心理，掌握读者心理特征的基础上进行。图书馆读者虽然与社会读者在对象上有交叉，但是因环境、活动方式不同，读者的心理活动有着较明显的差异。因此，我们所说的读者心理，是指读者在图书馆这一特定环境下，通过对图书馆资源的利用活动而表现出的各种心理现象、心理特征及心理发展规律。

二、读者心理研究的内容与目的

读者心理研究是心理学与图书馆读者服务工作相互交叉渗透、结合而成的一个相对独立的领域。一般来说，读者心理研究的主要对象是那些利用图书馆资源中的各种类型、各种成分读者群的心理现象，研究他们在利用图书馆这个特定环境中所表现的心理特征和心理现象，揭示读者行为的内在原因及其规律。它是以心理学的原理与方法为基础，以图书馆资源的利用活动为范畴，以图书馆读者为特定的研究对象，以阅读和检索心理的一般规律为主要研究内容，并将读者心理活动与读者服务工作结合起来，形成一个比较系统的体系。

专门的研究对象，决定了读者心理研究的内容。第一，研究读者在图书馆活动中的认知心理现象。认知心理是读者对文献的载体形式、文字符号及信息内容的感知、记忆、思维等一系列心理活动过程。它是读者接受信息，理解并吸取文献内容的重要心理基础。对读者文献认知心理的研究，就是揭示读者查找文献、使用文献的内在心理机制。第二，研究读者阅读时的心理意向活动。读者的心理意向活动是指读者由自身带有的鲜明的个性倾向性所形成的阅读需要、阅读动机、阅读兴趣、阅读能力等。读者的心理意向活动对阅读的认知过程起着调节和支配的作用。它能够使读者的阅读活动更具有目的性、方向性和主观能动性，是读者阅读认知过程的必要心理条件。对读者阅读的心理意向活动进行研究，主要是为了掌握读者在阅读活动中的各种心理特征。第三，研究读者心理与读者服务工作之间的关系。读者阅读心理的形成，必然会受到社会发展的影响，而读者心理与读者服务工作之间，客观地存在着相互影响、相互作用、相互制约的辩证关系。读者服务工作只有掌握了读者心理特征，适应了读者心理的需要，才能体现出工作的针对性与有效性，不然就可能表现出盲目性，从而影响工作的准确性。因此，通过对读者心理的研究，揭示读者服务工作与利用图书馆资源之间的相互影响、相互作用的辩证关系，提高图书馆读者服务工作的质量，使图书馆成为社会主义物质文明与精神文明建设的前沿阵地。读者心理的研究工作，应以特定的时间、空间和社会历史背景为条件，这样的研究才会对我们的工作起到指导作用。

我们对读者心理的研究，其意义是它有助于了解图书馆读者心理的形成和规律，以及读者从事阅读的心理机制。其目的是为了充分掌握读者在图书馆活动中的心理变化，以便采取有效措施更好地满足读者需求，提高优质服务的速度和效率，使图书馆读者服务系统达到最佳的运行状态。它体现在，第一，研究读者心理，是为了指导读者服务工作的实践，发展和完善读者服务理论体系。读者服务工作具有很强的学术性，对读者的心理分析以及对各类读者需求的调查研究，都是科学性活动。对读者心理的研究成果不但满足了读者的心理需求，并且丰富了读者服务的理论体系，促进了读者服务工作的发展，成为体现图书馆教育功能和信息传递职能的保证。第二，研究读者心理，是为了建立科学的读者服务体系，变被动服务为主动服务。读者心理与读者服务之间存在着相互影响、相互作用的辩证关系，读者与图书馆员之间互为主客体。我们研究读者在阅读活动过程中的心理现象和心理特征，以及读者心理的形成，对于提高读者服务工作质量是十分重要的。我们从心理学的角度来认识读者、了解读者、研究读者心理需求的特点以及阅读活动的规律，就能主动为读者提供服务，克服读者服务工作中的被动性。第三，研究读者心理，是为了图书馆员自身的建设，改善和密切与读者的关系。读者到图书馆去是为了选择文献、接受信息，其间与图书馆员的交流，其实质体现了人与人之间的相互关系。在读者与图书馆员的交往中，图书馆员占有主导地位。这对图书馆员的综合素质提出了更高的要求，图书馆员不但要掌握过硬的技术和本领，掌握牢固的专业知识和广博的学科知识，而且还要热爱自己的本职工作，热爱读者，全心全意为读者服务。通过对读者心理的分析和研究，改善与读者的关系，解答读者提出的各种问题，帮助读者检索文献，最大限度地满足读者的阅读需求，为读者提供全面优质的服务。

全面系统地研究读者心理，深入具体地掌握读者阅读与检索心理特征，是现代图书馆读者服务工作实践和读者研究必不可少的重要内容。

第二节 读者心理活动过程

我们所说的心理活动过程是指读者在阅读时产生的心理活动。读者的阅读活动，是以各种各样的心理活动为基础的。依据心理学的原理，人的心理活动过程包括了认识过程、情感过程和意志过程。它们之间有一定的区别，同时又相互依赖和相互促进。

一、读者心理的认识过程

阅读是人类获取知识的一种重要活动和手段。读者阅读心理活动首先是从对文献的认识过程开始的。这一过程是对读者认识文献的个别属性加以联系和综合反映的过程。阅读的认识过程就是信息的加工过程，是对所接受的文献信息进行输入、检测、存贮、加工、输出和反馈的过程。在这个过程中，它要求调整人在阅读时的感知、注意、记忆、思维（抽象思维和形象思维）等心理活动因素，使之处于高度积极的紧张状态，来完成对信息的认识。

1. 读者的感觉

感觉是人的大脑对客观事物的个别属性所作出的直接反映。它是认识世界的感性阶段，是我们追求知识的最初源泉，也是人类心理活动的基础，是人的意识形成和发展的基本条件。感觉的生理基础是客观事物直接刺激于人的感觉器官的神经末梢，引起传导神经的冲动，再传递给大脑皮层的中枢神经，于是感觉便产生了。各感觉器官都分工执行不同的反映职能。

人类产生感觉，必须具备两个条件：首先要有客观事物对人体感觉器官进行足够强度的刺激；其次是主体的觉察和接受外界刺激的能力。读者对文献信息的感觉，同样也应具备这两个条件，但由于各种原因，读者之间对文献信息的感受性差别很大。例如，文献相同，读者不同，就有可能会产生不同的反映，这是因为读者特定的文献需求、特定的心理素质、特定的环境和特定的职业因素所导致的结果。所以，读者的感觉是主观因素和客观因素相互作用的结果。就一般情况来看，读者对自己喜欢、符合需要的文献易于产生感觉。读者的感觉是阅读活动的开始。有了感觉，读者就会主动去了解文献的形式和内容，就会积极地进行认识活动。因此，读者的感觉对心理活动的认识过程有着极为重要的作用。

2. 读者的知觉

知觉是人的大脑对于直接作用于感觉器官的客观事物作出的整体反映。如果说感觉是对客观事物进行具体的、特殊的直观反映的话，那么知觉就是将各种具体的、特殊的感觉材料进行理解综合，并加以解释，然后组合成具有一定意义的对象。因此，知觉是在感觉的基础上形成的，是多种感觉相互联系和综合活动的结果。感觉是知觉的基础，知觉是感觉的继续。

读者对文献信息的知觉，通常要受到主观条件和客观因素的影响和制约。读者的知识和经验直接影响着知觉过程。例如，当读者接触到某一专业领域的文献时，就会很自然地将自己原有的知识和习惯的感知方式联系起来，把感觉到的信息归到某一类知识体系中去理解。所以心理学认为，知觉是现实刺激和已存贮的知识经验的相互作用的结果，是确定人们接受刺激的意义过程。

在知觉过程中，读者的知觉通常体现出以下特点：

(1) 知觉的选择性

知觉的选择性具体地表现在读者只挑选对自己有意义的文献作为知觉的对象。原因主要是：其一，读者在获取信息时，由于时间和精力的限制不可能把外部环境所有的信息一个不落地全部输入大脑，所以在输入刺激的信息时不得不进行选择。其二，读者知觉的根本所在是因为有特定的需要、兴趣和爱好，人们总是选择对自己有意义和有价值的客观事物进行整体认识。因此，读者的知觉过程具有明显的选择性。

(2) 知觉的理解性

读者总是用自己拥有的知识和经验去认识文献，以求对文献内容进行理解。因为理解就是意识到事物的意义，是知觉的前提。知觉的理解性是通过人在知觉过程中的积极思维活动来实现的。任何知觉过程都是在以往的知识和经验的基础上达到理解，在理解的基础上实现知觉。文献记录了千百年来的人类知识，是人类知识的结晶，因此，对文献的知觉，尤其需要借助已有的知识和经验，来确认文献的范围和用途，理解文献的内容与意义。

(3) 知觉的整体性

知觉的整体性是指读者把具体的文献作为一个统一的整体来进行知觉。知觉的对象是一个复合刺激物，由多种部分组成，各个部分又具有不同的特征。读者在对文献进行知觉时，并不是把这些部分割裂开来，孤立地认识，而是将其作为一个整体来知觉。例如，文献具有本质属性和非本质属性，读者对文献的非本质属性容易产生反映，如对文献的作者、书名、载体形式等外部特征能迅速地感知，从而进一步判断是一种怎样的文献即达到对文献本质属性的认识。文献中的各种属性对形成读者知觉的整体性有着十分重要的作用，尤其是文献中各种属性之间的相互关系，在一定程度上决定了知觉整体性的效果。如文献的关键词、主题词等，能让读者形成对文献的整体印象，掌握其内容特征。读者对文献的整体印象都是在理解的基础上建立的，知觉的理解性往往决定知觉的整体性。

（4）知觉的恒常性

知觉的恒常性是指知觉的条件在一定的范围内发生改变时，读者的知觉依然保持相对不变。具体表现为当文献的载体形式、形状及外部特征发生变化时，读者仍然会从文献的内容上去了解它的本质特征。因此，知觉恒常性的意义就在于它可以使读者适应外部环境的变化，并从实际需要出发，充分吸收和合理利用文献的内容。

读者的知觉是在阅读活动的实践中产生、完善和精确的心理活动，对读者阅读的活动起到进一步深化的作用。它是感觉和思维之间的一个重要环节，是对感觉材料进行加工，为思维活动提供准备条件的过程。

3. 读者的注意

注意是指心理活动对一定对象的指向和集中。它不是一种独立的心理活动，而是各种心理过程共有的特性。注意贯穿在整个心理活动过程中。读者的注意对于文献的选择和吸收有着重要意义。例如，读者对某一文献的"注意"，就会使他排除干扰，有选择地、集中地利用文献内容。正是由于注意的作用，读者才能使感觉向知觉转化，进而使知觉分析向信息加工和贮存转化，并在此基础上进行深层次的思维活动。

注意可分为无意注意和有意注意两类。无意注意是指一种没有自觉目的的，不需要任何努力的注意。有意注意是指自觉的，需要一定意志作出努力的注意，它服从于一定的工作和学习任务。

注意是一种有选择性的行为，表现出读者心理活动的倾向性。通常有以下几种情况容易引起读者的注意：①能够满足读者某种需要的文献；②与读者某种特殊感情有关的文献；③符合读者阅读兴趣的文献；④与读者的知识经验有联系的文献；⑤读者处于良好的精神状态。

由此可见，能够真正引起读者注意的事物大都与读者的主观状态有着密切的某种联系。因此，注意是决定读者整个认识过程的关键因素。为了有助于读者认识活动的发生和进行，图书馆应当采取各种方式和手段，引起读者注意，增强注意的效果。

4. 读者的思维

思维是人脑对客观事物间接的和概括的反映。它是在社会实践的基础上进行的。思维的工具是语言，人们借助语言把丰富的感性材料加以分析和综合，由此及彼，由表及里，去粗取精，去伪存真，从而揭示出事物的本质和规律。

读者的思维是指读者对文献内容特征进行间接的和概括的反映。它是读者对文献的心理认知过程。通过思维，读者能够发现和掌握文献内容的共同特征、本质属性以及文献所揭示的事物之间的内在联系和规律。思维活动的基本特点在于它是通过读者已有的知识经验或其他事物为媒介，来概括地反映文献的内容本质，以及间接地理解和把握那些没有感知过的或不可能感知的事物。其意义则在于通过思维活动来认识客观事物或现象，获得精神上的体验和满足，并学习和积累知识经验，从而达到解决现实问题的目的。

读者对文献内容的思维过程是一个复杂的心理过程，是对文献进行分析和综合的过程，是了解并掌握文献之间的内在联系和规律的过程。其目的和结果，是依靠人的思维能力，发现问题，把握问题，然后解决问题，并从中获得精神上的满足。

二、读者心理的情感过程

阅读情感是读者在阅读文献时产生的心理体验。当阅读的文献符合读者需求时，读者就会采取积极的肯定的态度，产生热爱、满足、愉快等内心体验。阅读情感是读者心理活动的一种特殊反映形式，贯穿于阅读心理活动当中，它能激发读者阅读的热情，对读者阅读行为有积极的意义。读者心理的情感过程是通过认知活动的"折射"而产生的。它通常受到以下因素的影响和制约：第一，读者生理素质和心理素质的影响。读者的阅读情感受读者自身的生理和心理素质等主观因素的影响，表现出深刻、强烈的倾向性心理特征。如不同生理特点、不同心理倾向的读者，其心理状态就不同，因而导致了各自不同的情感状态。有的具有喜悦、愉快、积极的情绪色彩，而有的则怀有忧愁、悲观和消极等情绪。因此，保持健康而热烈的阅读情感，对读者的阅读效果十分重要。第二，文献外部特征和内容特征的影响。情绪和情感是人们认识客观事物所产生的一种态度的体验。它是一种心理活动的体现，并伴随着人们的认识过程而发展和变化。读者在阅读文献的过程中，一定会引起情感上的变化。只有当文献的外部特征和内部特征符合自己的需要时，才会产生阅读的冲动，体现出积极而且热烈的阅读情感；反之就会产生抵触、消极的阅读情感。另外，不能忽视的是社会环境的影响。不同的社会条件、社会历史环境以及读者的生活工作环境，都决定了读者对文献的需求状态，因而影响和制约着读者阅读情感的发生与发展。

三、读者心理的意志过程

意志是主动地确定目标，支配自己的行动，克服困难并实现预定目标的心理过程。是人类改造客观世界和主观世界，发展自身能力不可缺少的心理因素。

读者的心理意志过程是指读者在图书馆活动中表现出来的有明确目的、自觉主动的行动，努力克服各种困难，最终实现利用文献目的的心理活动过程。

当读者具有一个清晰的阅读目标，这个目标激起了强烈的阅读欲望、动机、兴趣，这些心理因素又调动起读者的视觉、思维、行动的一切内在潜力，从而进入到集中全力阅读及思索的过程中，而忘却其他与阅读无关的事情。这就是在意志的主导下产生的有明确目的和较强自觉性的行为，体现了读者心理活动的自觉能动性。

意志过程与读者的认知过程、情感过程存在着密切的联系。首先，读者的意志活动是建立在对文献信息的感知、注意、记忆、想象、思维等心理过程的基础之上。只有当读者充分认识到文献的价值时，才有可能选择各种方式、方法和途径，利用文献内容，实现意志所指向的阅读目的。同时，读者的意志又反过来促进认知活动的深入和拓展，促进阅读活动更加具有目的性和意向性。其次，读者的阅读情感影响着读者的意志过程，而意志过程反过来又对读者的心理状态和外部动作产生调节作用。

总之，读者心理活动的认识过程、情感过程和意志过程是读者阅读心理过程中统一的、密切联系着的三个方面。一方面，意志过程依赖于认识过程，但又促进认识过程的发展和变化；另一方面，情感过程影响着意志过程，而意志过程又能调节情感过程的发展和变化。三者相互渗透和联系，共同作用于读者的阅读活动之中。

第三节 读者阅读心理特征

阅读是人们在社会生活中的一种目的性行为。阅读的整个过程体现为个人的精神活动，它既是一个生理过程，同时又是一个心理过程。研究阅读心理，就是从读者心理的角度，具体研究阅读活动是怎样进行的，读者为何要阅读、阅读什么、如何阅读等。

一、读者阅读心理类型

1. 产生阅读心理活动的因素

读者心理活动的产生受多方面因素的影响和制约，但基本上是受到外部环境和自身需要这两方面因素的影响和制约。

一方面，读者所处的外部环境是其产生心理活动的基本条件，它可以影响、制约和作用于读者心理活动，并产生变化和发展。读者所处的时代和生活环境包括各种自然因素、社会因素，以及整个社会共同的道德规范和审美标准等。作为社会成员的读者，他必须学习和掌握必要的文化知识，具备一定的工作能力。社会在不断的进步，社会对读者的文化素质的要求，也在不断提高。所以，读者就必然要去阅读，获取知识，提高文化素质。当具备了较高的知识能力和工作能力时，才能在社会生活的某一领域找到自己的立足点，才能为社会做出贡献。读者的阅读心理活动明显受到社会生产发展和分配性质的制约，这是读者面临的客观现实。

另一方面，自身需要是产生读者心理活动的内在因素，是读者心理活动发展的直接动力。我们看到，来图书馆的每一位读者所反映出的阅读态度和阅读愿望，都与其个人的心理活动以及个人的社会实践活动有着直接联系。读者为了实现自己的愿望、理想、追求，其基本方法和途径有着很大的相似性，那就是去学习，去探索，不断扩充知识、积累知识和掌握知识。这些目标，是激励读者进行阅读活动的强大动力。另外，每一位读者都会对自己的水平、能力和特长等方面有一个估计和评价，也会认识到自己的某些不足和长处。为了使心目中的自我形象向着完美标准的方向发展，就必然要去拓展知识充实自己。

总之，读者在外部环境的触发和自身需求的推动下，其阅读意识和行为就会主动地、自觉地产生，这是激发读者参与阅读活动的重要因素。

2. 阅读心理的类型

读者在阅读活动中表现出来的阅读心理是多种多样的，以读者的阅读目的为标准，读者心理可分为如下几种类型。

（1）求知心理型

求知心理类型的读者，以青少年读者和普通读者为主体，是各类型图书馆中最基本的读者。其中，又可分为直接的或主动的求知心理和间接的或被动的求知心理。直接主动的求知心理是由学习需求和学习过程的发展所引起的具有主动性特点的阅读行为，它表现为读者强烈的求知欲望和积极性。而后者则是由学习的结果所导致的阅读行为，这种阅读行为的被动性较强。

求知心理类型的读者由于正处在学习知识的阶段，必然有一个循序渐进的过程。所以，在知识的扩大和深化上，都是有计划、有步骤、分阶段地进行。因此，图书馆可根据其特点有针对性地提供合适的文献资料，使读者的求知心理得到满足。

（2）欣赏心理型

读者在学习、工作和研究之余，总是希望调剂一下自己的精神生活，要进行轻松愉快的阅读。由于阅读书籍、报刊既是文化娱乐活动，又是一种积极的休息，还能获得知识、受到教育和启发，所以得到了人们普遍重视和热爱。从欣赏的角度、层次和情趣来看，因人而异，各有特点。这种欣赏心理类型的读者，对文献内容的需求上具有知识性、趣味性和广泛性等特点。如有的读者喜欢哲学著作，也喜欢历史著作，还喜欢文艺作品等，有的只喜欢天文学领域的著作，可见，有些欣赏与读者自己的职业有关，有的则与职业无关。

（3）研究心理型

从事科学研究活动的广大科技人员是研究心理类型读者的主体。他们具有专业理论知识，有一定的学术水平和研究能力，担负着具体的科研任务，有强烈的责任感和紧迫感。他们的探究欲望极强，是图书馆科技文献的主要利用者，阅读也是集中在与自己专业有关的文献上。图书馆应尽最大努力，为这些读者收集、整理并迅速提供所需的文献资料，让他们掌握所研究课题的最新信息，跟踪科技发展的前沿动态，早出成果。

在读者各种各样的阅读心理类型中，求知心理型和欣赏心理型，是具有读者阅读活动的普遍性和读者服务的共性特征的。而研究心理型在读者阅读活动中，是较为有针对性和带有个性的心理类型，它是在读者服务中值得重点研究和重点服务的对象。衡量一个图书馆的藏书质量，工作人员的素质水平，工作效率和服务的优劣，重点就是要看对这些读者服务的满足程度。我们研究读者的阅读心理类型，是为了进行读者的基本服务和重点服务做准备，也是读者服务工作的一个基本内容。

二、读者阅读动机

读者的阅读动机，是引发、维持其阅读行为并将之导向一定目标的心理过程，是激励读者去阅读的主观原因，是读者的内部愿望的表现。从心理学的角度来看，人的行为规律是需要决定动机、动机支配行为、行为指向目标。

阅读动机的出现，以阅读需要作为基础，它是阅读动机的直接动力。人的需要有物质方面的需要和精神方面的需要。我们讨论读者的阅读动机，就是要从人的基本需要及由此衍生出的阅读需要出发，分析研究读者在阅读过程中的表现，了解掌握读者的阅读动机和各自的心理活动，灵活运用不同的工作方式，为读者提供高质量的服务。

按照阅读动机所追求的目标来看，主要是为了满足读者提高科学文化水平；解决生产、科研、工作、学习、生活中的问题；丰富精神生活这三个方面的需要。

1. 学习动机

读者出于学知识，打基础，提高文化水平和业务能力的动机，来图书馆进行借阅。例如，大中小学生为配合教科书的学习，阅读一些参考书、课外辅导读物；大批青年为了升学考试、文化考核、业务技术职称的晋升等而系统学习基础知识和专业理论；为了扩大知识面而广泛浏览阅读各类文献；为了提高业务水平而深入学习专业知识等。此类阅读动机对图书内容的选择具体而明确。图书馆应大力支持和满足他们的学习欲望，帮助他们利用图书馆，完善他们的知识结构。

2. 解疑动机

读者生活在现实社会中，肩负着各种社会责任，他的收入、地位、荣誉等都与他的工作业绩紧密相连，这会促使读者不断的努力。因此，当读者在科研项目、生产实践、社会交往及工作生活中遇到某种疑难问题时，就需要到图书馆寻求具体的文献、信息和技术、方法，来解决遇到的实际问题。他们有明确的目的和方向，表现出急切的需求愿望。面对此种类型的读者，我们应当重点服务，针对他们的特点，及时提供急需的文献资料，在最短的时间里，为读者建立一个满意的、解决问题的途径。

3. 娱乐动机

现代社会竞争激烈，生活节奏不断加快，各个领域的工作者都承受着极大的压力，为了缓解身心疲劳，人们对精神文化生活的需求显得十分迫切。各种娱乐活动可谓内容广泛，形式多样。而阅读是最经济、最高尚、最受广大群众欢迎的一种放松方式。持有娱乐动机的读者在对文献内容的选择上，最大的特点就是广泛性，在自己的兴趣所及，各类图书都会读一读。图书馆应积极主动地为读者提供健康、有吸引力的书籍，帮助读者选好书、读好书，进而使他们既放松身心又开卷有益。

三、读者阅读兴趣

阅读兴趣是指读者对文献信息所表现出来的积极探究的认识倾向，是一种具有稳定性和趋向性的心理表现。它能够反映读者的阅读倾向，对读者选择文献信息起到引导作用，是读者阅读效率的主要动力。随着人的体力、智力的成长和成熟，随着人的活动范围的扩大，社会实践的增多，可能形成各种各样的阅读兴趣。而读者的阅读兴趣也是非常复杂的，其表现也有所不同，因此在阅读行为上会产生很大差别。有的读者具有广泛的阅读兴趣，有的则比较狭窄。广泛的阅读兴趣可以使读者获得更多、更广的知识面，用以适应现代科学技术综合发展的需要。而狭窄的阅读兴趣，能使读者集中于特定类型或学科的文献阅读，从而对某一方面的知识达到精深的程度。在阅读过程中，最佳状态是将广泛的阅读兴趣与专门的阅读兴趣结合起来，使读者的智力结构得到协调发展。有的读者虽然具有广泛的阅读兴趣，但经常变化，不能持久地发展下去，表现出分散和多变的特点。而有些读者则表现出浓厚的阅读兴趣，始终朝着自己的目标前进，这类读者在阅读文献的过程中具有集中和稳定的特点。

研究读者的阅读兴趣是图书馆读者服务工作的一项重要内容。读者到图书馆来查阅文献，虽然各自的要求和目的并不一致，但都有一个愿望，就是希望查到自己需要的文献，找到自己感兴趣的图书，并在这方面能得到图书馆的帮助和指导。读者之间的阅读水平、能力和兴趣是有差别的，图书馆必须根据读者的具体情况，采用不同的服务方法，分别给予帮助，让读者找到最适合自己的图书文献，在阅读的过程中，取得事半功倍的效果。图书馆要深入了解读者阅读兴趣的种种心理过程，帮助他们认识阅读兴趣对阅读行为产生的影响，树立正确的理想和目标，培养读者自觉阅读、主动学习的能力，并根据自己的兴趣进行有效的阅读，进而扩展广泛、稳定的阅读兴趣，促进人们的思维活动，提高其从事创造性活动的水平。

四、读者阅读能力

文献作为一种信息资源，其价值取决于读者对文献内容的要求和掌握，以及运用这些信息或知识改善自己的知识结构，提高认识世界和解决实际问题的能力。在图书馆的读者群中，表现出来的阅读能力是不同的。我们通过对阅读能力的研究，掌握他们的阅读特点和心理活动的规律，以便采取主动的对策，提供有效的服务。

读者的阅读能力是指其在阅读活动中对文献资料充分利用的能力，它体现在选择文献、阅读技巧、理解文献内容、消化并运用知识这四个方面。

1. 选择文献的能力

在文献信息量非常丰富的环境中，阅读必须具有高度的选择性，它包括了解自己所需要的文献范围和重点，掌握文献的检索途径与方法，能够鉴别文献内容，然后精选出最有价值、最适合自己所需要的文献资料。

2. 掌握阅读方法的能力

学会使用各种阅读的方法，灵活有效地运用相关阅读技巧，是体现读者阅读能力的重要方面，是读者进行阅读活动并取得效果的保证。衡量阅读技能有两个主要指标：一是阅读速度；二是阅读成效。

3. 理解文献内容的能力

阅读文献的基本要求，就是要读明白文献内容，能完整准确地把握文献的主要意义，深入地领会文献的实质。理解能力的基础来自读者自身知识储备的广度和深度，基础知识越扎实，理解能力越强，阅读效果越好。

4. 消化和运用知识的能力

阅读文献的最终目标，就是充分吸收文献所载的知识，并把这些变为个人知识体系的有效组成部分，然后灵活地加以运用。读者具备了这种能力，才会收到学以致用的效果，才会不断扩大自己的知识领域。

以上四个方面，既相互区别又密切联系，统一在阅读活动的过程中。显而易见，读者阅读能力的高低取决于读者的文化程度。文化程度高的读者因知识面较宽，相应的阅读能力越高；反之亦然。

不同阅读能力的读者，在阅读行为上有较大的差别。无论是对文献的内容、鉴赏水平和选择行为上都能体现出这种差别。比如：同样内容的文献，有些读者评价甚高，而有的读者却反映平平。这就说明读者对图书内容评价的能力上存在着差异。在文献的选择上，有的读者可以自己从信息网络上查找所需要的文献和信息；有的可以利用图书馆的各种目录，选择和利用文献；有的则需要在工作人员的推荐和帮助下开展阅读。因此，对于不同阅读能力的读者，我们要掌握他们的阅读特点，采取有选择的服务方式，针对不同情况，提供相应的服务。

第四章 读者需求

图书馆是社会发展需要的产物,这种社会需要的具体表现就是读者需求,图书馆就是以读者为对象的存在物。没有读者的需求就不可能有图书馆的生存和发展。我们研究读者需求,有利于图书馆工作人员业务水平和自身能力的提高,有利于完善和发展图书馆的各项职能,从而促进图书馆事业的发展。

第一节 读者需求的概念和意义

一、读者需求的概念

读者需求是指读者对适用图书文献的寻求过程。它以读者的阅读目的为出发点,以其适用文献的取得为结果。此过程体现了读者与文献之间的关系,属于阅读行为的前期活动。取得适用图书文献的过程就是满足读者需求的过程。

从广义上讲,读者需求是图书馆读者对图书馆资源的需求。图书馆资源包括①精神资源:即记载人类精神生活结晶的书刊文献资源和以简洁文字著录这些书刊内容的目录资源。②物质资源:即图书馆的建筑设施、设备等。③人力资源:即图书馆的工作人员。很明显,读者不仅需要图书馆为他们提供精神食粮,也需要图书馆提供优雅、安静的阅读环境和先进的服务设备,同时,还要求图书馆工作人员的热情周到的服务。这三方面是相互联系的。

从狭义上讲,读者需求就是对书刊文献资源的需求。所以,读者需求其实就是读者通过阅读活动,从文献中获取知识和信息,并由此产生对文献的研究和利用。读者需求总是以自身的某一种具体需要为起点,并体现在阅读内容、阅读行为和阅读效果之中。其表现是阅读内容依照需要进行选择,阅读行为按照需要加以控制和调节,阅读效果针对需要做出评价,阅读活动满足需要继而更加深化。读者需求不仅是个人的某种需求,也是社会需求的表现。因此,不断变化、复杂多样的特点贯穿于读者需求的始终。所以图书馆工作应对此给予极大的关注和满足。

二、读者需求的意义

1. 读者需求是图书馆赖以生存和发展的基础

不难想象,一个不满足读者需求,也就是没有读者的图书馆,还有何存在价值?随着社会、政治、经济、文化的发展,人们需要一个传播科学文化知识、保存人类精神财富、传递信息情报的文化机构,用来适应各方面的发展。这便是我们所说的社会需求。这种需求具体体现为读者的需求,它随着读者需求的不断增加而更新变化。因此,作为满足这种需求的图书馆来说,其内部机构、服务方式等都要进行相应变革。读者需求与满足这一需求的图书馆资源和服务工作相互矛盾的运动,便推动了图书馆的向前发展。随着科学技术的飞速发展,图书文献的大量增长,社会的发展需求又赋予了图书馆参与情报传递的社会职能。而现代化的电子计算机、缩微技术、视听技术的应用则是更好地满足这一需求而在服务方式上的变革。在信息时代,读者需求又出现新的变化,使传统手工式服务的图书馆逐渐向现代化网络图书馆、虚拟图书馆转变。

2. 最大限度地满足读者需求是图书馆工作的核心

图书馆的内部机构设置、藏书的最佳布局、藏书体系的形成、读者服务方式的确立等都是围绕读者需求这一目的展开的。例如,图书馆的文献服务、情报服务、技术服务等,其存在的目的就是为了满足读者对书刊文献的借阅需求、情报信息需求和特种技术需求。

3. 研究读者需求,摸清读者需求规律是有效地针对服务、区分服务的前提

掌握各类读者需求的特点就能最大限度地避免工作中的盲目性,有针对性地采取相应服务方式,从而提高服务效率,达到好的服务效果。但同时,一个图书馆的有限服务又很难满足读者的所有需求,这是图书馆矛盾的普遍性。但区分各类读者需求的主次,分清哪些应该重点服务、哪些应该急需服务、哪些应该一般服务,是化解矛盾的一个重要途径。比如图书馆的采购部门可根据不同读者需求和本馆任务,适时有效地选择采购文献,建立最佳的藏书体系;服务部门针对读者需求,可采取灵活有效的服务方式;领导部门可根据图书馆读者需求的结构层次,针对性地制定出工作部署和工作计划等。

4. 对读者需求的满足程度是衡量图书馆工作效率的重要指标

图书馆对读者需求的满足程度如何,不仅说明图书馆的服务工作是否有

效，同时也说明图书馆的藏书结构是否与读者需求相符合。因为有效的服务要以合理的藏书结构为基础。它既涉及图书馆各服务部门的服务流程，也与图书馆领导部门的决策有关。一般情况下全面衡量图书馆的工作效果，对读者需求的满足程度进行的定量分析主要是通过拒借率的统计。在分析时还要与读者需求状况即藏书流通率、读者到馆率、图书周转率等结合起来研究，找出其症结所在，从而更好地提高服务效果。

第二节 读者阅读需求的类型

读者在阅读活动中表现出来的兴趣和需求是多种多样的。从不同的角度和标准出发，会看到各不相同的读者需求类型。各种类型的图书馆要根据各自的性质、规模和任务，认真分析读者需求的类型和特点，以便更好地为读者提供服务。读者阅读需求大体可以总结为如下几种类型。

一、社会型读者需求

社会型读者需求，简单来说就是大家都在阅读类型相近的书刊文献。它明显地展示出时代特征和发展潮流的需要，此类读者需求不是个别的现象和主观因素造成的，而是社会需求和客观发展的趋势所迫。例如，当国家政策转变、社会转型的初期、某一新技术的普及应用等时期，许多不同职业、不同文化程度、不同兴趣爱好的读者群，会不约而同地阅读有关的书刊文献，这些文献就成为社会上的阅读热点。这说明读者的阅读需求从一个方面反映了社会政治、经济和文化状况，具有时代发展的特点。社会的政治、经济、文化诸因素会给读者阅读需求不断施加影响，甚至在阅读文献的版本、内容、需求的强弱程度以及趋势等方面都会起着巨大的作用。这种社会型的读者需求呈现出的突出特点，就是读者在一个阶段对文献需求的数量较大，读者阅读的时间相对集中，使得某些文献数量暂时紧张，成为众多读者的阅读中心。随着时间的推移，社会潮流的变化，社会型读者需求也会随之发生转变，有的会从短暂的阅读需求变为持久的阅读需求，有的会发生转移，形成新的阅读需求。面对这种社会型读者需求，图书馆工作者要用敏锐的观察和科学的态度认真对待，要经常关心国内外发生的大事和社会发展的趋势，同时要分析这种读者需求的性质、规模、强度以及时间的长短，掌握读者需求的发展方向，使读者的长久需要与现实需求充分地结合在一起。与此同时，应做好图书馆藏书的调配工作，加强图书的宣传，促进图书的流通，满足大量的社会型读者的阅读需求。

二、专业型读者需求

专业型读者需求是指从事学习、工作、研究等专业活动的读者所提出的文献需求。这种阅读需求经常与读者自身的业务工作、专业学习和研究活动紧密联系。研究活动的开展确定了专业需求的范围、内容和要点。一旦满足了专业读者的需求，则使得读者在专业知识技能和解决具体问题的能力上有所提高，又会推动专业实践活动的进一步深入发展。由于专业型读者需求与其从事的专业实践在内容、目的、范围、时间上有一致性，因而体现出明显的职业特征，这种需求是为了解决面临的实际工作任务和难点，其需求的特点是专业性、资料性、咨询性。他们的阅读目的明确，干哪种工作，就阅读哪类文献，以求提高自己的专业知识和专业技能。因此，在阅读活动中，各种行业、职业、工种的读者，按照自身业务要求，其阅读需求和阅读倾向比较固定，对文献内容的要求具有针对性。相同行业、职业、工种的读者，其专业阅读需求的指向差别不大，但由于年龄、文化、知识结构和素质的不同，就会在文献利用的侧重点以及深度与广度上存在差异。一般来说，从事较为复杂的专业工作的读者具有专业阅读需求，而且需求的范围比较广、专业性强、水平较高、持久稳定。研究专业型读者需求的共性和个性特点，有利于更具针对性地做好读者服务工作。

三、研究型读者需求

研究型读者需求是指为了解决某一研究课题，完成所担负的具体研究任务而产生的阅读需求。具有研究型需求的读者往往是围绕研究内容组织和开展阅读活动，以便了解课题的研究动向，掌握课题的研究水平。因此，这种读者需求所涉及的阅读范围具有长期的指向性和专业性，体现出较强任务规定性的特点。读者在研究课题的几个阶段中，根据不同的进展情况，提出对文献内容的范围和要求。任何承担了科研课题的读者，受研究任务的制约都会表现出积极的研究型阅读需求。如在科研项目选题阶段，读者通过查阅文献，了解某一领域哪些研究课题具有现实意义且有待深入发掘；在调研阶段，通过普查文献，了解本课题的研究成果及动向，从中筛选可供参考的资料、数据、事例和方法，以启迪思路，开阔眼界，形成新的认识等。研究型读者需求还具有较强的自发性特点。总之，研究型读者需求是将阅读活动与创造性活动紧密结合的阅读需求。在有着较高文化素质和研究能力的知识分子读者群中，这种阅读需求比较普遍。研究型读者需求对文献有着一定的要求，其特点是具有全面系统、准确具体、新颖及时和针对性强等。但由于这些读者在能力上存在差别，导致读者在文献利用上有所不同。因此，对于研究型读者的需求，图书馆工作人员要采取不同的方式，不懈地搜集、加工、整理和提供有关文献，为读者提供重点服务，不断满足这类读者的研究需要。

四、业余型读者需求

有许多读者在工作、学习之余，从个人的兴趣和爱好出发，自发地产生的一种阅读需求，这种需求称为业余型读者需求。业余型需求与读者的工作和学习一般没有直接的联系，它受自己个性心理因素的影响比较明显，反映了个人的爱好倾向及心理特征。与其他类型的读者需求相比，业余型读者需求是最为常见的读者需求，几乎所有读者都有这种阅读需求。如在人们遇到衣食住行方面的问题时，当人们想养身防病、锻炼保健、旅游、购物、化装美容、适应社会、增长知识等时，都表现出这种需求。尽管这些是个人兴趣的表现，但受读者文化程度及素质品质的制约，以及社会、家庭、职业等多种因素的影响，业余型读者需求也会存在很大的不同，有些阅读需求成为读者个人发展方向的重要指导。因此，图书馆要善于发现和引导读者健康的业余需求，培养读者对科学技术、文学艺术的浓厚兴趣，使读者的阅读活动得以健康、有效地实现。

通过对上述各种类型读者需求的分析，我们可以找出他们之间的共性和个性的特征。社会型读者需求和业余型读者需求，具有较广泛的社会性和读者服务的共性特征。而专业型和研究型读者需求，则具有读者需求的个性特征，这也是我们在读者服务中的工作重点。衡量一个图书馆的工作、文献收藏质量、工作人员素质水平、工作效率和服务能力的高低，就看它对重点课题、重点项目、重点读者需求的满足程度、服务速度和服务效果的层次好坏。我们研究和掌握了读者需求的主要特征，就可以对读者进行充分服务和区分服务。

第三节 各个系统图书馆读者需求的特点

一、高校图书馆读者需求的特点

如第一章所述，我国图书馆根据所属的部门分为三大系统：高校系统图书馆、公共系统图书馆、科研院所与专业机构系统图书馆。各个系统图书馆，其读者需求有各自的特点。而高等学校图书馆的主要服务对象是学生读者和教师读者。这两类读者具有各自不同的特点，因此对图书馆的需求也有明显的差别。

1. 大学生读者需求的特点

大学生读者是高校图书馆中最为主要的读者群体，分析他们的需求特点，满足他们的阅读需求，是高校图书馆读者工作的重要任务。大学生读者对文献需求有如下特点。

（1）对教学用书的需求有稳定性、集中性和阶段性的特点

由于专业的设置和教学计划的安排以及课程开设、教学内容体系等限定了教学用书的基本范畴，使得教学用书在大学生读者当中具有相当的稳定性。教学用书的集中性表现为使用的种类和复本集中、读者数量集中和利用时间集中。在大学教学过程的各个阶段，教学用书呈现出周期性循环往复的使用状态，有较强的阶段性规律特征。

（2）阅读活动与所学专业和将来的职业工作相联系

大学生读者的阅读兴趣、阅读目的等在很大程度上受到未来工作需要的指导和影响。因而，他们比较倾向于专业文献的阅读，以及与专业相关的一些学科文献的阅读，渴望获得更多的专业知识。

（3）大学生读者的阅读需求高于其他读者

大学生读者思维敏捷，兴趣广泛，而且容易接受新鲜事物。在结合教学内容阅读文献之外，大学生读者根据个人爱好，阅读许多的课外读物，涉及面非常广泛，不仅仅是专业书籍、教材和教学参考书，还会有选择地阅读文学艺术、哲学法律、体育文化等方面的书籍。无论是社会环境还是个人主观愿望，都在激励大学生读者多学知识多读书，从中寻找他们需要的内容，以充实他们的生活，提高自己的文化素质、学习能力、研究能力。因此，他们的阅读热情、态度、目的都表现出强烈地求知欲望。针对大学生读者的阅读需求特点，图书馆应科学地安排教学用书的借阅工作，充分利用图书馆馆藏文献资源，为大学生读者提供满意的服务。

2. 教师读者需求的特点

高等学校图书馆中的教师读者是重点服务对象，这是由于他们在高校所承担的任务决定的。教师读者从年龄结构上，可以区分为老年、中年、青年教师三个层次。他们在利用图书馆的过程当中，表现出的文献需求特点也有不同。

（1）老年教师多年从事高校的教学和科研工作，他们有丰富的经验，是学校里教学科研的主导力量

他们主要负责著述立说，带研究生，培养高级人才的任务；同时，也承担了一些重要科研项目。老年教师经过多年积累，个人的专业藏书比较丰富，

他们对图书馆文献资料的利用,主要是查找一些有关的最新研究动态、外文资料及历史文献等。对于这些老年教师所需的文献资料,图书馆的工作人员有义务协助查找,以便使他们将宝贵的时间用于科学研究和人才的培养上。

(2) 中年教师年富力强,处于教学和科研的第一线,是高校当中教学科研的骨干力量

他们有着扎实的专业知识,有着丰富的教学经验和较高的学术水平。面对繁重的教学科研任务、频繁的学术活动,以及自身需要的知识更新与学习提高的压力,往往需要查阅大量的文献资料。他们在文献的选择上,通常是利用图书馆的目录和各种检索工具查找文献,并习惯于自己查找,但也希望图书馆工作人员帮助查找。其对文献资料的内容范围主要集中在与本学科和专业有关的书刊文献。他们还希望工作人员提供更高层次的二次文献和三次文献,以便了解国内外的学术动态。

(3) 青年教师思想活跃、精力充沛,是高等学校教学和科研工作的新生力量

他们走上教学岗位不久,大多数担任教学辅导工作,同时也在不断积累和提高自己的基础知识、专业素质、教学经验的能力。他们学习勤奋,工作热情高,对利用图书馆有很高的积极性。具有来图书馆的次数频繁且时间上较多,涉及文献的内容广泛且借阅量大等特点,图书馆工作人员应针对青年教师的阅读需求特点,以多种形式的服务,满足他们的需求。

二、公共图书馆读者需求的特点

公共图书馆是指文化系统的公共图书馆。包括:国家图书馆,省、市,自治区图书馆,区(市)、县图书馆及文化馆图书室,儿童图书馆,乡镇街道图书室等。它担负着为科学研究服务和为大众服务两大任务。在促进国家的发展,提高全民族科学文化水平方面发挥着重要的作用。与其他各类型图书馆相比较,公共图书馆服务范围很广泛,接待的读者是全社会各个阶层的普通读者。这些读者大体上可以划分为欣赏型读者、学习型读者和研究型读者,他们在文献需求上有各自的特点。

1. 欣赏型读者

欣赏型读者是公共图书馆读者中人数最多的读者类型,由于他们的职业、年龄、文化程度等存在着差别,兴趣爱好各不相同,因而他们的阅读包罗万象。具体到每一位读者的阅读需求是什么,取决于读者个人的兴趣爱好和需要。例如,有些读者是因为对一部文学作品感兴趣,到图书馆来借阅该书或

相关书籍，以便加深理解；有些读者是为了解决日常生活中的实际问题来图书馆借阅书刊，以求学以致用；还有一些读者是想在紧张的工作学习之余，放松一下，来图书馆随意翻看一些轻松愉快的书刊，以达到休息的目的等。其中，中外文学书籍的借阅量很大，占总流通量的半数以上。这是因为文艺作品本身具有的吸引力所致。文艺作品反映了广阔的社会生活画面和人们丰富的精神世界，受众面较为广泛。读者从文艺作品中能学习到广泛的社会知识，了解人生的道路历程，从中受到启发、教育、感染，获得艺术和美的享受，甚至心灵的震撼。优秀的文艺作品能使人们奋发向上，它对读者潜移默化的作用是很强烈的。图书馆应引导读者阅读健康、优秀的文艺作品。

公共图书馆的读者主要是利用业余时间和公休假日，来图书馆借阅图书、阅览报刊。由于受到利用图书馆的时间限制，许多读者以外借形式为主，在馆内阅览为辅助形式。

图书馆对于这一类型的读者可以通过做好咨询辅导、目录指南、流通服务、阅读指导等活动，使欣赏型读者受到良好服务。

2. 学习型读者

学习型读者在公共图书馆读者中占有一定的比例，包括接受成人教育等自学考试的学生和社会上有学习要求的青年，以及一些企事业单位的在职人员等。他们的阅读需求是以提高科学文化知识水平、业务技能、增强自己的人生本领为目的。如专业学习、文化考核、技术革新等。他们的阅读目的明确，有一定的学习计划，是有步骤、按阶段进行的。

学习型读者会根据自己的学习计划，借阅必要的教科书以及参考书籍等，因此公共图书馆是他们主要的学习场所。他们需要的书刊资料具有专业性、系统性强，并按进修自学的阶段依次递进的特点。还有许多工矿企业普遍实行科学管理，对职工进行文化、技术的培训，以提高企业的竞争能力。这使得像数理化基础参考书和一些应用技术图书的需求量会大增。

由于学习型读者正处在知识学习的阶段，在知识的扩大和深化上必然有一个循序渐进的过程。所以，图书馆在提供读者所需的图书资料时，既不能操之过急，提供一些过于专业、内容较深、超出他们学习能力的图书资料，使他们难于理解和掌握；又不要提供那些落在他们知识水平后面的图书资料，使他们的学习无所进展。图书馆要根据读者阅读能力提供最适合他们的图书资料。

另外，这种类型的读者利用图书资料的目的，并不十分复杂。尤其是接受成人教育的学生以及接受技术培训的人员，所需的书刊资料都与自己所学的专业有着密切的关系。

3. 研究型读者

研究型读者约占公共图书馆读者人数的1/5，虽然人数不多，但却是很重要的服务对象。他们大多是厂矿企事业单位中的研究人员和工程技术人员。这些读者往往为了十分明确、具体的目的，来到图书馆，查阅一些专业性很强的文献资料，以便完成科研生产课题的需要。对于这些研究型读者的文献需求，图书馆应及时提供系统完整的有关文献资料，以便满足读者的要求。

研究型读者通常比较注重文献的检索活动，这是因为研究型读者都具有一定的文献选择和获取能力，而且有时间亲自查找文献。选择和获取文献的过程，本身就是科学研究活动的重要组成部分。在文献利用的时间上，研究型读者具有较强的连续性，这与他们的工作性质有关，也是因为他们的工作时间和业余时间很难分开。如有文献需求，他们会到馆里查阅、检索很长时间。

研究型读者对于自己所研究的项目有着浓厚的兴趣，对探索和发现有着强烈的欲望及热情。图书馆在为他们提供基本的借阅服务的同时，还要开展定题服务、查新服务、文献调研服务、科技文献通报服务等高层次的服务，所以，图书馆应提前做好科学研究的文献资料准备工作。

三、科研与专业图书馆的读者需求的特点

科研与专业图书馆主要指科研院所与专业机构图书馆，包括：科学院及其分院图书馆，政府部门、各部所属研究机构的专业图书馆，机关团体图书馆（室）等。它们的服务对象大多是科研人员与工程技术人员。这类图书馆的读者比较固定，文化水平高，专业能力强，这些读者的文献需求首选在专业图书馆里查阅。

1. 科研人员文献的选择特点

（1）文献需求具有全面性

科学研究工作既是个人的创造性劳动，同时也要继承、借鉴前人的科学研究成果。因此，科研人员一定会去了解这个领域内的发展状况以及国内外的研究趋势，这样就需要掌握大量信息、文献资料，以便充分作好科学创造的前期工作，从而可以全面正确地认识和反映客观事物，确立自己的研究方向，促进科学研究工作的顺利展开。

（2）文献需求具有系统性

科学研究项目确定以后，就文献需求的内容来讲，既需要与研究课题有密切关系的专业文献资料，也需要借鉴相关学科的文献。这是由学科专业的

细化、边缘学科的不断出现，各学科之间交叉渗透，向综合化发展的趋势所决定的。就文献需求的文种来讲，中文文献、外文文献都会涉及，其中外文文献利用的文种较多的是英文、俄文、日文等。在文献类型上，利用最多的是中外文期刊，其次为中外文图书，专利文献、会议论文等也占一定比例。在文献的时限上，需要利用最新、最近的文献，同时要求内容新、时间短、使用价值高的文献。对于一些以前的具有参考价值的文献，也会系统地查阅。以求全面系统地分析问题，促进科学研究课题的顺利进行。

（3）文献需求具有阶段性

根据研究课题的进展，利用文献资料呈现明显的阶段性。一般可以分为选题阶段、调研阶段、总结或撰写论文或进行具体设计的阶段以及评审阶段等。各个阶段对文献资料的利用都有不同的要求。比如，在选题阶段，通过查阅文献，了解某一领域内已有的研究课题，并了解哪些课题有现实意义而尚待深入，哪些课题已有成果而避免重复；在调研阶段，当课题选定之后，可以通过对文献资料全面普遍的了解，从而掌握本课题的现有研究成果与动向，并筛选出可供参考的数据、资料、事例和方法，以启迪思路，扩大视野，形成新的知识；在总结或撰写论文或进行具体设计的阶段，要对已筛选出的资料去粗取精，去伪存真，对资料有一个浓缩过程；在评审阶段，需要对研究成果从资料角度进行验证，旁征博引来鉴定和审查研究成果，分析、对比、评价其学术价值和现实价值等。

2. 工程技术人员文献需求的特点

工程技术人员对文献需求具有主要表现为需求文献资料具有新颖性、专业性、可靠性、适用性、系统性、及时性和针对性等特点，他们经常查阅许多学科和技术领域的文献资料，这是由于工程技术人员在创造具体产品时，需要全面掌握产品设计、制造、原材料、能源、环境和法律等方面的知识所决定的。他们会需要有关新产品、新技术、新工艺、新理论、新发明、新方法、新思想等方面的文献资料。例如，专利发明、产品样本、技术标准等是他们十分感兴趣的信息源。他们往往需要图书馆与之配合，提供定题信息服务，希望提供的文献资料快速及时，适用具体。这是因为在新产品的研制过程中，要考虑竞争的因素和市场的因素。产品的发明创新完成的越是提前，就越是有可能获得更多的效益。

第四节　读者需求趋势及评价

自从我国实行改革开放政策以来，人们的物质生活水平有了较大提高，文化生活日益丰富。读者对文献信息的需求极为强烈，主动性的阅读活动有增强的趋势。因此，在当前网络环境的新形势下，读者的阅读需求出现了一些新的变化，应当引起图书馆的重视。

一、读者需求的变化趋势

随着我国经济的快速发展，社会生活的各个方面也在发生着巨大的变化，图书馆的读者需求也会产生相应改变。不仅读者的数量迅速增加、读者的信息意识逐渐增强，读者需求也向获取信息量的方向变化。在改革开放的大环境下，随着社会经济的不断发展，有许多潜在的读者转化成为图书馆的现实读者。使得各级图书馆读者人数增加，信息需求量增长，需求的范围更趋广泛。

读者需求由传统的二、三次文献信息需求，向前沿信息与研究进程中的信息需求相结合的方向发展，以实现由低层次读者需求向高层次读者需求发展。

读者需求由以学科信息需求为主，逐步转向技术经济信息需求。由于价值观念的转变，人们普遍认识到信息是潜在生产力。读者对技术经济信息的研究、开发与应用，技术的引进、吸收与创新，市场预测与推广前景的需求量呈上升趋势。

读者需求的多学科、多样化要求日益明显。自实行对外开放政策以来，我国与世界各国的交往日益频繁，大量的信息互相交流，使得读者的眼界射向各种观点、各种题材、各种风格及各种流派的著作。读者需求的范围之大，兴趣之广泛超过以往许多倍。

读者对文献信息获取的手段由以手工为主向自动化网络化为主的方向转化。需求的全面性、系统性不断地提高。国内产、学、研各个系统之间的需求迅猛加强。随着科学技术的不断发展，国际间全方位的文献需求增加，表现出跨时空的信息需求。

对非文献型信息及零次信息的需求呈发展趋势，在技术引进的过程中，软件引进受到重视。

总之，读者的阅读需求是会随着社会生产的发展和生活条件的变化而不断得到满足与变化，它们不是固定的、静止的，读者最初的阅读需求得到满足后，又会产生新的更高要求的需求，这是一种客观发展的趋势。

二、读者需求的评价

图书馆的读者需求是读者选择文献的前提与动力，但它视个体的差异而发生变化。因此，要全面并正确地认识读者需求的特点及其规律，就有必要对读者的不同阅读需求进行具体的调查和分析，以便作出较为合理的需求评价,这也是读者服务工作的基本内容之一。评价读者需求应考虑如下几个方面。

1. 读者的自身特征

读者的职务、职称、学历、工作性质、信息意识及年龄、性别等多方面因素往往会产生不同的文献需求,并决定着读者需求的主要特点。在评价读者需求时应当作为优先考虑的一个条件。

2. 读者需求文献的主题内容

读者所需文献是属于哪一专业或哪一学科,还是属于某一特定内容会涉及读者查找文献的方法,选择哪种检索途径,确定哪些类目或主题词作检索的关键所在。

3. 读者需求的文献信息类型

了解读者需求的是数据信息、事实信息还是文献信息。如果是文献信息,还要进一步了解是图书还是期刊,是一次文献、二次文献还是三次文献等。这样,图书馆工作人员可根据各类文献的使用方法提供优良的服务。

4. 读者需求文献的数量总和以及读者浏览和阅读文献的总量

这是衡量读者消化吸收信息能力的主要依据。

5. 读者要求提供信息的完整性、准确性

图书馆对读者提出的文献需求应给予满足,包括对读者所需信息的出版年代,以及对提供信息的时间期限和及时性的要求。

6. 读者获取信息的方法和习惯

了解和掌握读者是通过正式渠道还是非正式渠道获取信息,读者获取信息时习惯采用哪种方法,是评价读者需求很重要的方面。

7. 读者需求的阶段性

读者对文献资料的需求是有阶段性的,比如大专学生、科研人员等在学习、科研设计的不同阶段,需求文献信息的内容与程度是不同的,掌握好读者的这些需求特点,才能真正做好读者服务工作。

我们对读者需求做出评价,并不是去强调读者需求的一致性,而是要找出读者需求之间的差别,以便进行充分服务和区分服务。

第五章 读者服务

　　图书馆业务工作体系，一般可以分为藏书工作体系和读者服务工作体系两个方面。藏书工作体系主要包括文献收集、整理和收藏、保管等方面的基础性工作；读者服务工作体系主要包括文献流通、参考咨询、文献检索、信息服务和宣传导读；读者组织、读者研究等方面的研究性、服务性工作。从图书馆工作的全局看，藏书工作和读者服务工作是相互联系、互为条件、彼此促进、相辅相成的关系。随着图书馆事业的不断发展、文献载体的多样化及图书馆的数字化，图书馆的全部工作已开始转向以读者工作为重心、全面围绕读者的合理需求组织图书馆工作的发展阶段。

　　图书馆读者服务工作是指图书馆利用其文献信息及其他条件，通过组织研究藏书、研究读者和研究服务，帮助读者利用馆藏文献并从中获得知识、掌握信息，从而实现图书馆工作社会价值的一种专业工作活动。图书馆读者服务工作的宗旨和中心为用户提供最好的服务，而为读者服务的最基本原则是：服务方式快速、有效；服务态度友好、专业；服务内容可靠、持续；所有的服务要求都要给予响应；服务面向所有人。图书馆读者服务工作是图书馆工作的外在表现形式，是图书馆社会价值和最终目标的体现，也是图书馆最具活力的工作。从图书馆工作的出发点和归宿分析，图书馆读者服务工作的所有活动都是围绕读者进行的，都是为读者服务的。

　　现代图书馆是一个为社会大众提供文献信息服务的公益性机构，广大读者是图书馆的生存基础。长期以来，图书馆在社会公众心目中的形象总是高高在上，只有知识分子才会利用图书馆，普通民众与图书馆之间的距离显得十分遥远。图书馆也往往自认为是一个文化机构，而忽视了图书馆同时也是一个服务机构，肩负着为最广大的人民群众提供基础服务的任务。图书馆事业要发展，就必须牢固地树立起服务是灵魂，服务是核心，服务是基础，服务是一切工作的出发点的价值观和理念，并依据这一价值观和理念来调整完善并创新我们的管理体制和服务方式。本章主要介绍读者服务工作的内容、方法、发展趋势及其在图书馆工作中的地位和作用。

第一节 读者服务工作的内容与方法

图书馆是一座知识宝殿,它收藏着古今中外多种学科、多种语言、多种载体的文献。为了使读者更好地了解图书馆的服务工作体系和内容,特做如下介绍。

一、文献借阅服务

借阅服务是图书馆的主要服务内容,是图书馆工作的前哨,借阅服务质量的高低直接反映了图书馆的工作水平。

1. 外借服务

外借服务是指图书馆将部分文献让读者借出馆外,满足他们馆外阅读的一种服务方式。读者根据自己的需要挑选文献,借到的文献应妥善保管并充分利用,在规定的期限内归还,而后还可以借阅另外一些书刊。外借服务是图书馆的一项基本服务内容,也是图书馆最经常、最大量的服务工作,它是读者利用图书馆中各种文献的主要渠道,也是文献传播的主要窗口。

2. 文献阅览服务

阅览服务是图书馆的一项重要的服务内容,是图书馆工作前哨之一,是读者利用书刊资料进行学习和科学研究的重要形式。大力开展阅览服务,可以提高馆藏文献利用率;同时在阅览室中,读者还可以得到工作人员的辅导或其他形式的帮助。同其他服务相比,阅览室具有服务读者的如下特定功能。

(1) 良好的环境

阅览室有适宜读者学习、研究的良好条件:宽敞的空间、舒适的桌椅、精良的设置、明亮的光线、整洁的环境、安静的气氛。因此,在众多供选择的学习场所中,阅览室最受读者欢迎。

(2) 丰富的文献

阅览室配备有种类齐全、内容丰富新颖、使用价值较高的各种书刊资料,包括不外借的文献资料,如期刊、报纸、工具书、二次文献、特种文献等,这些文献都优先提供阅览室,供读者阅读参考。

(3) 方便地使用

读者可以直接利用阅览室内大量的书刊文献,按专业、课题需要,自由选择特定知识信息阅读参考。读者除利用书刊外,还可利用馆内特殊设备,如计算机设备、显微设备、视听设备、复制设备等,阅读电子期刊、缩微文献，及复制所需的知识信息。因此，无论对自学读者、研究读者、咨询读者，图书馆都可提供极为方便的阅读参考条件。

(4) 精心的辅导

读者在阅览室阅读学习的时间多，周期长，有的读者甚至长期连续利用阅览室学习研究，馆员接触读者的机会多，便于系统观察了解读者的阅读需要、阅读倾向、阅读效果，便于有针对性地进行推荐文献、指导阅读、参考咨询等服务。

二、参考咨询服务

图书馆的参考咨询服务始于19世纪晚期的美国，当时美国工业高速发展，经济实力增强，巨大的社会和经济活动促使教育向更大众化发展，而科学研究和大学教育的发展，迫切需要图书馆为读者提供帮助，由此促使了图书馆参考咨询服务的产生。1876年美国参考工作之父缪尔·格林（Samuel Swett Green）发表了有关图书馆参考咨询服务的文章《图书馆与读者之间的人际关系》，首次提出了图书馆参考咨询服务理论。他在美国图书馆协会年会上的发言明确指出，图书馆应帮助读者学会如何利用图书馆。但在当时他的理论并没有被社会所接受。直到10年后"参考咨询"一词才流行起来，Green的文章使"参考咨询服务"的概念广泛流传。所以直到现在图书馆界还是认为，参考咨询服务维持了"图书馆和读者之间的个别联系"。咨询馆员发挥4个基本作用：①教育读者如何使用图书馆；②帮助读者查找资料；③回答读者的疑问；④提升图书馆在服务群体中的形象，指导读者如何利用图书馆。

参考咨询是图书馆帮助读者检索文献和搜求信息的服务方式，图书馆参考咨询人员针对读者提出的疑难问题，利用参考工具、检索文献及有关书刊，帮助查寻或直接提供有关文献及文献知识、文献线索，通过个别解答的方式为读者服务。

参考咨询服务的类型按读者所提问题的性质可分为事实性咨询、方法性咨询与专题性咨询三种类型。参考咨询服务的实质是直接或间接地帮助读者解决对所需文献或某一方面知识了解不足、掌握不全面的困难。读者在科研、教学、学习、生产或工作中，往往会遇到一些与利用文献有关的疑难问题，出现这种情况的原因有：一是从浩如烟海的文献中，迅速准确地查到某种符合特定需要的事实或资料是很不容易的；二是很多问题往往要通过查检工具书去解决，而工具书的使用并不是每个读者都十分熟悉的。所以，借助图书馆把自己的需要与某种情报源联系起来，得到文献的提供或参考答案，对于读者来说是非常必要的。所以，参考咨询服务是图书馆一项不可缺少的服务形式。

三、新媒体下的参考咨询服务特色

在新媒体环境下，图书馆参考咨询服务呈现以下新特点。

第一，信息资源的电子化。参考信息源是参考咨询服务的物质基础，出色的参考咨询服务必须依赖丰富的信息源。传统的参考咨询信息源主要局限于各种馆藏文献，而网络环境则突破了"馆藏"的物理空间转向无围墙的全球性的"虚拟图书馆"，除了传统的文献信息源外，大多数图书馆还充分利用检索速度更快、更方便的馆藏电子工具书、书目信息数据库和其他光盘数据库、网络数据库。Internet不仅是世界最大的信息资源中心，而且所提供的现代化检索技术能以比手工检索快无数倍的速度提供信息资源。这些资源包括电子出版物、专题数据库、书目数据库、网络资源指南、网络检索工具、图书馆联机公用目录、联机数据库等等。可以说，网上电子化的信息资源将会成为咨询服务最重要信息源之一。现代参考咨询服务的开展是以各种印刷型信息资源的数字化和电子信息资源的有效组织为基础的。

第二，服务对象的社会化。随着网络技术的发展，信息不再仅仅是技术研究人员的特殊需求，而是各行各业人员从事实际工作所必须掌握的东西，甚至还是每一个社会成员生活的必需品。参考咨询不再限于本馆读者，而是面向全社会，主动地为社会各界提供信息服务，参考咨询对象逐步社会化。政府机关、科研机构及企事业单位需要决策咨询服务，科研单位与研究人员需要科学咨询服务，公司、企业、商贸团体需要社会经济动态信息咨询，普通民众需要与其工作生活密切相关的信息咨询。

第三，服务职能的综合化。21世纪图书馆的参考咨询服务，既要搞好传统服务——解答读者在查找和利用文献信息过程中遇到的问题和疑难，又要开展多媒体资料阅读、网络信息传递、情报检索、情报编译、定题跟踪、回溯检索、课题查新，编制二、三次文献及读者导读、用户培训，开设文献检索课，帮助用户建立自己的信息资源库，为用户信息上网提供咨询，协助用户建立自己的网页等多种服务。当今，技术辅导、考研信息咨询也是网络环境下图书馆不可忽视的一项工作。同时，检索的重点将由整体的图书向文章的段落甚至单个句子转移；对网络书刊的利用将由传统择册择期过渡到网络择目择篇择全文。咨询馆员还必须在有限、无序的网络信息中筛选、整理出用户所需要的内容。既要解释电子式检索的各个步骤，又要辅助用户构建检索式，与用户一起检索各种不同电子资源的选择方案。

第四，服务范围的远程化。网络环境下图书馆咨询服务向众多图书馆间、国际间远程数字化合作发展。通过远程合作咨询服务将全球图书馆结为一个整体，整个图书馆网络间不仅文献信息资源可以共享，各图书馆咨询馆员的知识智慧、成功咨询案例、各类课题调研成果等均成为共享资源。信息咨询服务不再是以单个图书馆为中心，而是在大图书馆的整体运作下进行远程合作服务。

四、学科服务

随着信息化社会中知识概念的逐渐明晰，高校图书馆服务于读者已不仅仅依赖于先进的计算机网络技术和丰富的文献信息资源，不再过分强调"拥有"，而是更凸现专业化与学科特色服务，更多强调对资源的"获取"，图书馆服务观念了发生重大的转变。为适应社会的需求，学科馆员和图情教授的培养和聘用显得十分重要。

高校图书馆为了加强图书馆与各院系的联系，建立通畅的"需求"与"保障"渠道，帮助教师、学生充分利用图书馆的资源，开始建立学科馆员制度。学科馆员的职责有：一是主动与对口院系的教师和资料室联系，了解教师对书刊、电子资源的需求；二是熟悉本馆以及国内外对口学科的文献信息源情况，掌握其使用方法；三是负责试用、评价对口学科的电子资源，为教师有效利用这些资源提供技术支持；四是及时通告图书馆的新资源、新服务，定期编写、更新相关学科的读者参考资料，包括利用图书馆的主体指南和新资源使用指南等；五是适时开展问卷调查或召开座谈会，征求对口院系对图书馆资源建设和服务的意见与要求；六是按学科进行电子资源的整合与链接，定期在网上发布新文献信息，负责收集、鉴别和整理相关学科的网络信息资源，并在图书馆主页上按学科大类建立学科网络导航；七是开展定期自选服务和其他各类咨询服务，详细了解学术带头人、知名教授及博士点的科研课题，主攻一二个课题，主动为研究项目提供情报咨询；八是不定期的为对口院系的教师、研究生提供利用图书馆的指导和培训，即提供图书资源的讲座，包括数据库介绍及使用培训等。

五、讲座、培训、展览

图书馆作为社会信息集散中心，为社会提供多种形式的信息服务，在信息影响方面的地位是举足轻重的。讲座作为图书馆的读者服务形式之一，为广大听众提供了丰富的信息和资源，拓宽了信息获取的途径和渠道。

图书馆开展一系列讲座、培训等活动有如下几个方面作用。

第一，指导读者利用图书馆。帮助读者了解图书馆的性质、职能、任务和发展状况，介绍图书馆藏书资源的范围、重点、布局结构及其使用方法，介绍本馆的服务机构分布、服务手段、设施、借阅规则、程序、手段方法等。介绍的方法通常采用新读者集体入馆参观、现场介绍，印发图书馆简介资料，馆内播放录音、录像磁带，以及设置专门的咨询台，随时回答读者的询问等。

第二，指导读者利用图书馆目录。图书馆目录有"打开人类知识宝库钥匙"之称，读者要查阅图书馆藏书，首先必须学会查目录。帮助读者了解图书馆设有哪几种读者目录、各种目录的作用及反映藏书范围，介绍目录卡片的著录事项、索书号的组成及其组织方法，目录组织体系说明、分类目录、字顺目录的组织体系及检索使用方法，说明本馆采用分类法的分类体系、大类类目表、标记符号及特殊分类规则、字顺目录排列取字方法与查找方法，以及填写借书单的方法和要求。指导读者利用图书馆目录，可采用集中讲课的方式，也可设置目录辅导员，随时指导读者查找各种中外文馆藏目录，并在目录厅公布各种目录的体例表。

第三，指导读者利用参考检索工具。各种专业的目录、文摘、题录、索引，是教学科研人员掌握文献资料线索、查找文献资料的一把钥匙。掌握了它的使用方法，就能迅速、准确地查到与自己课题有关的文献资料。掌握中外文工具书，可以有效地提高学习与工作效率；掌握科技文献检索工具，能使科技人员在短时间内，迅速、准确地查找到自己研究课题所需的文献资料线索等。

第四，指导读者阅读图书。阅读指导是图书馆对读者的阅读目的、内容和方法给予积极影响的教育活动，目的在于提高读者的阅读能力和阅读效率。指导读者阅读图书，包括两层涵义：一是对读者阅读内容的指导；二是对读者阅读方法的指导。要引导读者掌握正确的学习与阅读方法，如在什么情况下采取浏览法阅读、什么学科应采取精读法，以养成良好的自学习惯，提高学习效率和自学的效果。

第五，指导读者利用图书馆数字资源。随着网络的日益普及，数字资源在馆藏资源中所占的比重越来越大，指导读者学会使用图书馆各种中外文数字资源是每个图书馆义不容辞的任务，也是网络环境对图书馆提出的要求。

第二节　读者服务工作在图书馆中的地位和作用

国际图联、联合国教科文组织于2001年8月在美国波士顿召开的第67届国际图联大会上正式出版发行的《公共图书馆宣言》中明确指出："每一个人都有平等享受公共图书馆服务的权利,而不受年龄、种族、性别、宗教信仰、国籍、语言或社会地位的限制"。因此,图书馆的一切工作都是为读者服务创造条件,图书馆的价值是通过服务于社会与人类来实现的,图书馆所有的活动都是围绕着如何服务于社会与人类来展开的。服务观念、服务手段、服务方式始终贯穿于图书馆整个实践过程中,图书馆服务的态度和思想,服务的思维活动所形成的服务理念,是直接影响图书馆服务对象对于文献信息资源的需求能否实现的关键。反过来,以用户在图书馆员心目中的定位和如何满足用户需求为主要内容的服务理念,又是图书馆实现其自身价值的基础和思想保障。即服务是图书馆存在的社会价值,服务是图书馆活动的核心,服务是图书馆的基本宗旨。

如果说,一个世纪以前,我们的图书馆以藏书多为荣的话,今天,图书馆馆藏的多少和馆舍的大小已不再具有竞争的优势。因为,这些只要有一定的经济实力都有可能达到。在新时期图书馆要提高其竞争能力,既要靠资源优势,更要靠具有自身特色的、相关行业莫能企及的服务创新与服务优势。只有服务质量高才是区别各个图书馆好坏的根本所在。如果沿袭固守传统的服务模式,势必在前进的道路上鹅行鸭步,消解了本来可以壮大发展自身的竞争力。竞争力来源于服务品质的认同,已构成图书馆人的主流意识,它主导着图书馆的运行方式。

一、服务是图书馆存在的社会价值

就目前而言,图书馆正处于从传统图书馆向未来概念图书馆—数字图书馆、虚拟图书馆过渡阶段,与其他所有过渡阶段的事物一样,此时的图书馆处在传统图书馆和未来图书馆的中间,兼具两者的特点,这造就了此时图书馆的矛盾地位。何去何从,图书馆学界和业界也就此话题言论颇多。但目前的不争事实是,无论过重倚向哪一方,都会有不可忽视的"服务危机"存在。所谓"服务危机",是指在图书馆活动过程中出现的读者信任危机。信任危机极大地影响着图书馆的社会形象和图书馆事业的发展。

1. 传统服务方式带来的危机

众所周知,改革开放以后,我国国民经济发展迅速,各行各业呈现出勃勃生机,图书馆事业也得到了空前发展。但图书馆事业在全面发展的同时,图书馆服务,尤其是公共图书馆服务在制度、体系、方法、态度等众多方面却存在着问题。而这些问题对于图书馆的发展和未来生存的影响,从一定程度上讲都是至关重要的,甚至是生死存亡的问题。学界和业界对此已进行了很多的理论研究和实践。

首先，从宏观方面看，图书馆事业确实得到了迅猛发展，无论在馆舍建筑、馆舍面积、馆藏数量等方面都较之以前有质的提高。但就单个图书馆而言，在经过20世纪80年代初期稳步发展以后，开始出现了生存危机。由于明显的营养不良，供血不足，许多图书馆呈现出虚脱状态。因此，图书馆界出现了"低谷论"。尽管有人对这一论调提出批评，但无论这一提法是否科学，是否符合事实，图书馆遇到的困难却是有目共睹的。经费不足，导致图书馆一系列"虚脱反映"：新增藏量锐减，人才流失，设施设备得不到改善，服务手段跟不上需要，最后导致服务水平下降，社会形象越来越差，读者流失，……并进入恶性循环。事实上，当一个图书馆每天仅有极少量的读者造访，它所提供的服务已不能满足绝大多数读者的需求时，或者当图书馆已丧失了与时俱进的能力时，尽管这个图书馆是免费的，事实上它已危机四伏，如同消失一般。如果此时还有其他行业服务者能提供类似的服务，图书馆无疑是雪上加霜，其危机将更为严重。

其次，长期以来，图书馆于外缺乏竞争奋进的机制，于内滋生出一种"黑洞现象"。即产生投入大、产出小，以至投入大而无产出的一种低效益或无效益的现象。产生"黑洞现象"的主要原因就是图书馆长期脱离市场，缺乏用服务去满足市场需求的观念和服务精神。

另外，来自图书馆外部的社会压力也在一定程度上引起图书馆生存危机。

计算机和网络日益普及，国际互联网已连接了3万多个网络、6 000多万台主机、6 000多个图书馆、1万多个联机数据库。Internet已经覆盖了全世界近200个国家和地区，上网人数已超过15亿，并且每年以40%的速度增加。网络资源日新月异，网页内容以每12个月翻一番的速度向前发展，电子信息以几何级数迅速膨胀。"图书馆存在价值"的疑虑十分严峻地摆在我们面前：图书馆能否向人们提供比互联网的导引系统和搜索引擎更有效的服务手段？能否继续成为人们获取信息的第一选择？

目前，我国有各类咨询机构3万余家。20世纪90年代兴起的各类信息公司、咨询公司，开始时规模小、开发能力差、服务水平低，对具有稳定文献信息资源、有国家经费投入和传统公众形象的图书馆还不构成挑战；但经十数年市场的洗礼则有了很大的发展，有的甚至已经形成相当规模。它们在软件开发、数据库建设、技术中介、科研成果转化等方面对用户更具有吸引力，必将在未来的信息市场中对图书馆构成严峻的挑战。就图书馆界内部而言，我们在强调馆际业务交流、资源共享的同时，也应不断增强个别图书馆的独特功能、特别人才提供特别服务的独特能力。缺乏这种独特能力或鲜明个性的图书馆，随着改革的深化，它在不久的将来有可能会被其他图书馆（或其他机构）所兼并。政府同样每年划拨一笔经费，为何不能由一个更好的图书馆或其他机构来管理它，使它产生更大更好的效益呢？

古老不能成为一种资本和包袱。在传统图书馆服务环节上滋生的种种疏漏，有的已成为历史，有的正得到纠正，有的转化正悄然进行。虽然这些问题在不同程度上曾使图书馆的职能发挥受到某种掣肘，但总的来说，图书馆服务在不断解决问题的基础上有了长足发展。

2. 技术进步带来的服务危机

20世纪末，以计算机技术和网络通信技术为主导的现代信息技术得到了迅速的发展。它在改变世界面貌的同时，也给图书馆带来了一场深刻的变革。在技术生产力的推动下，传统图书馆发生了天翻地覆的变化，如计算机管理下规范化的"采、分、编、流"，简便迅捷的全文数据库检索，网络化的文献信息资源共享，Internet资源利用……。我们几代图书馆人的梦想，今天都已成为现实。这一切当然要归功于现代技术的应用。正是由于现代信息技术在图书馆如此广泛而成功的应用，给图书馆的发展注入了新的活力，使得技术生产力无可争议地成为这一时期图书馆发展的第一推动力。

高新技术为图书馆的发展提供了日益先进的技术支撑，社会的网络化逐渐使图书馆成为一个资源的共同体。在一个以信息、文化和公共资源为主要生存轴心的社会平台上，只要拥有一台主机，通过网络，任何一个图书馆，都可以进行超馆藏、超时空超地域的服务；任何一个读者也可以把图书馆带回家，或带到他需要的场所，远离实体图书馆，在因特网上就能很便利地寻找到自己所需的文献信息。随着数字图书馆概念的出现及其优越的便利性的展示，读者对图书馆的依赖也将削弱。在法国图书馆新馆面世后，有人便预言大型的图书馆建筑将不会再建，也有人因此预言图书馆将会被淘汰。

随着时间的发展和技术的进步，这些预言一个一个地破灭，这并不完全因为图书馆所提供的服务不可能被他人所替代的缘故，更主要是因为图书馆所拥有的文献信息资源的优势尚未被他人完全拥有，政府长期在图书馆界的投资积累所形成的方方面面的优势难以在瞬间被企业的短期投入所"冲淡"，图书馆界尚未引进竞争机制。坦白地说，如果当图书馆的这些优势丧失、淡化或者市场竞争机制导入业界时，凭借现有的人力资源优势和服务优势，相当数量的图书馆是难以在剧烈竞争的市场中占有先机的。

在我国，以目前情形而论，大中型图书馆消失的消息尚未震荡我们的耳膜，相反，我们可以看到大型的图书馆还在出现，看来人们对此有所需求。

一个公共的、亲切的、大型文化、科技信息交流的场所，一个可供人们面对面交流的公共场所依然有着较大的"市场"。但这并不意味着图书馆危机的消失，这也并不意味着我们图书馆人可高枕无忧，恰恰相反，我们应让危机的感觉常常震撼我们的心灵，我们应该时刻牢记图书馆的职责和图书馆的宗旨。

二、在传统与技术之间正确定位服务工作

传统图书馆向数字图书馆、复合图书馆过渡的时期，我们暂且称之为转型期图书馆。在转型期图书馆，图书馆员应该思考图书馆目前与将来的发展方向，关注图书馆所提供服务的水平质量，关注用户信息需求的满足程度及相关问题来促进自身进步。图书馆员应采取灵活多样的服务方式，变被动服务为主动服务，变一般化借阅为多样化、特色化服务，变粗浅的单层次服务为多层次全方位服务。但在网络化进程中，图书馆的许多传统工作内容及其工作方式还会继续发挥作用。即使到了网络发展的高级阶段，优良的服务思想和服务传统仍将是我们工作的保障。在此，不能因为网络化时代的美好蓝图和数字化图书馆的美好前景而盲目乐观，更不能忽视和放弃眼前图书馆的基础工作。因为网络化发展毕竟要有一个过程，不是一蹴而就；而数字化也不是一项简单的工作，说实现就立刻实现，它需要我们实实在在的努力和大量细致的基础工作。那种过分相信和依赖网络技术，以为有了网络就有了一切的看法，有失偏颇，是对网络的一种错误读解。

1. 认识传统图书馆服务优势

对于预言无纸社会的出现，必将导致图书馆的灭亡，现在看来还为时太早。应该说在相当长的历史时期内，实体图书馆仍将存在，并继续发挥重要作用。转型期的图书馆作为公众服务机构，仍将承担着为社会服务的重任；传统服务作为信息传递手段仍然担任重要角色；传统印刷型文献载体，仍然保持优势地位。

传统图书馆提供的服务主要是印刷性文献，从现阶段看，用户仍然习惯于阅读印刷性图书和杂志，无论是研究，还是消遣，人们数十年来养成的阅读习惯使印刷性文献已经成为不可缺少的东西。图书与期刊的发行量，仍在不断的增长。因此，图书馆仍然是收藏文献最集中的地方，用户的信息需求，仍然需要图书馆的帮助。图书馆除提供原始文献外，二次文献、三次文献的提供，仍然是非常受读者欢迎的信息。我国公共图书馆近二十年来迅速发展，到馆查阅书刊的读者呈上升趋势。因此，图书馆要根据用户需求，收藏有特色的文献，并尽可能利用现代化手段提供相应的服务。

2. 传统服务方式的提供

传统图书馆在服务工作的时间内摸索了一整套服务方式,如馆内借阅、文献外借、参考咨询、文献复制、书刊展览、专题讲座等。这些服务既满足了众多用户对文献的需求,又方便图书馆保存和管理文献,以便更好地为用户服务。传统服务方式仍然是用户使用文献的主要方式,一般图书馆向用户提供文献服务,均是公益性的。传统服务方式在图书馆的经费支出较低,因此一般的服务不收费或收取少量的成本费。目前我国公共图书馆的服务工作是面向大众的,传统服务仍然是主流,被公众认可。由于我国网络化发展比较快,有些费用比较高,一般公众难以接受,这也是传统服务受欢迎的原因。因此,在转型期图书馆仍然要做好传统服务工作,不能一味追求新的服务方式和盲目地改善设施条件。

3. 图书馆设施和环境的提供

在传统图书馆,宽敞明亮的大开间阅览室、卡片式目录、手工式外借手续与证件等,仍为公众所喜爱。传统图书馆是一个特定的场所,它以其特定的环境吸引着广大用户,它的馆舍包括书库、阅览室、外借处、复制台、读者休息室、餐厅等服务设施。许多读者来图书馆阅读图书,查阅文献和信息,是为了享受图书馆的服务和氛围,因此,图书馆的环境和服务仍然是用户选择的主要场所。

在我们认识传统图书馆服务的优势同时,也不能"倚老卖老"。还应清楚地看到传统图书馆在服务方式上存在的复杂性。归纳一点,就是优化服务流程,简便是服务的核心。

4. 理性对待现代技术

图书馆是社会文化机构,而不是技术机构,也不是为技术而存在的。就图书馆自身而言,既不是图书馆最新技术的创造者,也不是IT行业的先驱精英。图书馆存在的价值在于为社会所提供的信息服务,在于以最短的时间、最快的速度,为最多的读者找到最多的书(信息)。从表面上看,图书馆的现代化进程表现出的是一个图书馆不断技术化的过程。因为在这一过程中,我们能明显地看到,技术正以点滴的方式向图书馆渗透,逐渐改变和替代了图书馆传统的工作方法,使图书馆的技术含量和现代化程度越来越高。但在实质上,图书馆的现代化进程是图书馆不断利用先进技术手段改进传统服务,提高自身服务能力和服务水平的过程;是为了满足社会对信息服务日益增长的需求,使图书馆的价值在社会进步的过程中不断得以再现的过程。

信息技术的变化改变了读者利用文献与图书馆的方式,但图书馆服务的宗旨不能变。正如谢拉所言："服务，这是图书馆的基本宗旨。"最新信息用最快的速度传递，并不一定能获得最大的效益，而经过有目的的整序，有针对性的分析、评价和再加工所得到的情报产品，在社会上往往获得广泛利用，成为最受情报用户欢迎的情报产品，由此情报效益得到高质量显现。无论何种信息环境下，读者都希望图书馆工作人员能迅速准确地提供最有价值、最有针对性的文献信息。因此，对文献信息进行认真分析、鉴别，对有价值的信息进行指导性的、科学的评价，对有传递价值的信息进行综合处理和再加工，是服务的基础工作，也是图书馆情报职能的最基本体现。

在过去的30年，图书馆经历了两次大的冲击。第一次发生在20世纪80年代中期，由于计算机技术和通信技术的结合推动了互联网的发展，有人预测随着无纸社会的来临，图书馆将走向消亡。确切地说，是无纸预言引发了信息社会的图书馆消亡论。一些人对图书馆的未来表示悲观，认定图书馆存在的时日已不多，到20世纪末21世纪初，随着图书馆完全电子化，图书馆将大部分消亡。图书馆消亡论认为，剩下为数不多的图书馆，只是专门用于保存过去的印刷型文献。"图书馆消亡论"者最具代表性的人物，首推美国图书情报专家兰卡斯特，他肯定的认为："我们正在迅速地不可避免地走向无纸社会"，"图书馆主要是处理机读文献资源，读者几乎没有必要再去图书馆，地方图书馆已无足轻重，甚至消失"。他还毫无根据地推出预测的时间表，"再过20年，现在的图书馆可能完全消失"。这个时间表是他在20世纪80年代初做出的。事实上，20世纪已经成为历史，我们不但没有在世纪之末看到图书馆行将消失的迹象，恰恰相反，摆在眼前的却是图书馆持续发展的一派进步景象。无论数量还是质量，都呈现出增长与提高。图书馆顶住了第一次生存危机，并取得了迅速的发展。

第二次冲击发生在20世纪90年代末，并一直延续到现在。由于互联网的大量普及，电子信息以几何级数迅速膨胀，有人认为互联网的导引系统和搜索引擎会代替图书馆的功能，成为人们获取信息的重要途径。于是人们怀疑图书馆还有没有存在价值。

今天，图书馆正在面临第二次考验：图书馆能否向人们提供比互联网的导引系统和搜索引擎更有效的服务手段，继续成为人们获取信息的"第一手段"？2001年5月，在上海图书馆举行的一次国际中文元数据应用研讨会上，与会代表都有这样的共识，时代赋予图书馆员一个新的使命，就是通过网上资源编目，把无序的网络空间变成有序的数字图书馆。实践将证明，图书馆员需要互联网，而互联网更需要图书馆员。网络的发展，使得"网络用户在网上能够找到、甚至只能找到他所不需要的东西"成了因特网信息检索定律。

这就使得图书馆员利用网络信息检索技术与方法成为网络导航员和知识工程师，利用网络开展培训和继续教育成为网络环境下图书馆服务向深层次发展的重要内容。

在两次冲击中，图书馆都是在激烈争论和尝试中获得了生存的机会。如今数字图书馆建设的波澜壮阔已经将图书馆与网络更加紧密地融合在一起，同时一些引领时尚潮流的虚拟图书馆如雨后春笋般不断涌现。图书馆仍然在人们的需求之中继续前行，巍然屹立于潮头浪尖。图书馆人正以一种执著而热烈的追求和无私奉献的精神在图书馆行业艰苦奋斗，开拓创新。因此，人们不得不承认，图书馆具有生存和发展的核心竞争力。

我们不讳言，现代信息网络的普及、信息资源的数字化和信息系统的虚拟化使得包括图书馆在内的信息提供机构的"中介性"的作用大大降低，网络化信息库体系已经成为主流性的服务形式，同时信息用户的行为模式也发生了很大变化。但不能以服务方式和服务内涵的变化甚至下降来否定图书馆在现代信息服务体系中的地位和作用。图书馆服务面临的问题和挑战是巨大而艰难的，因此改革和变化更为必要和急迫。在改造和变革传统服务体系的过程中不仅要面向新的理论、技术和服务方法及方式和创新服务体系，同时也应挖掘其原有系统的内外在价值，使图书馆服务在信息社会中能够发挥真正的作用。

图书馆的服务水平虽然在不断提高，读者却并未为此感到满意。其原因是读者对服务的期望也在提高。尤其是一些新建图书馆，不仅外观漂亮，而且内部装修现代，馆舍宽敞明亮，但是其服务却没有跟上硬件的建设步伐。即使有印刷精美的服务指南，初来乍到的读者也会茫然。所以提高服务质量和服务效果，是图书馆学和图书馆工作的永恒主题。

第三节　读者服务工作的发展趋势

一、读者服务工作的发展历史

纵观图书馆发展的历史，服务是始终的原动力。服务的内涵随着时代的需求不断变更和升华，在不同的发展阶段有着不同的核心和重点。由于图书馆社会职能的演进，图书馆服务经历了从封闭到开放，从借阅服务到参考服务，从信息服务到知识服务，从无偿服务到有偿服务，从按时服务到及时服务，从在馆服务到多馆服务、馆外服务，从在线服务到全球化服务的发展过程。其服务内容从"提供给读者馆藏文献"变为"帮助读者获取馆内外信息"，服务方式由面对面变为远程（通过电话和网络），并呈现出多种服务并存、其手段与方式不断更新和拓展的前景。

在中国，如果说古代图书馆的设立是为了贵族阶级所利用，是一种封闭式的服务，馆阁对平民阶级来说，是一种游离于其身外的神秘物；那么到了魏晋南北朝时期甚是兴盛的私家藏书互通有无的借阅、借抄已颇风行；宋代官府藏书允许公开出借；清代亦无禁例，准予公开借阅。比及近代，杜定友于1926年曾撰就题为《图书馆学的内容与方法》的长文，文中就呼吁"图书馆服务精神"，并强调这是一种"特殊的服务精神"。他这样描述图书馆人：一方面要静如"处女"，"埋头伏案"；一方面又要"各处奔走"，有"奋斗、牺牲、忍耐、沉默的精神，高尚、清洁的人格，和蔼、慈善的态度"，并说如无图书馆服务精神，虽有高深学问亦于社会人群无所裨益。

在西方，图书馆服务可以追溯到公元前6～5世纪。在雅典出土的古希腊一个图书馆墙壁上，就刻有"不得将图书携出馆外"的文字。可见阅览是图书馆最早的一种服务方式。尔后，由阅览逐步扩展到外借。

15世纪，英国著名藏书家里查德·伯里在其专著《热爱图书》中明确指出，收集大量图书是为了学者的共同利益而非个人享受。他编制了藏书目录，拟定了借书办法。尽管其借书办法有多种限制，如办理外借时不得少于三人、抄录图书内容时不得带出本馆围墙、无复本的书不得外借等，但服务的思想十分明确："我们的目的是使这些书不时借与该大学城区的学生和教师，不论僧俗，均可用以学习和进修。"这充分体现了平等服务的精神。

17世纪，法国近代图书馆学理论的创始人之一诺德在其《关于图书馆建设的意见》中，对创办图书馆目的有十分精当的说明："图书馆是供人研究而不仅仅只供看一眼。"如果不打算将书提供给公众使用，那么一切执行本建议前述方法的努力，一切巨大的购书开支，全徒劳。因此，即使对最卑微的能多少获益的人也不要限制，要让人借阅。服务时间也应相应延长，即使是"偶尔要去图书馆的人也应有机会见到管理员，不受阻挠，毫无耽误地得到进馆的许可。""知名人士应允许借出一些普通书籍，携回住所。"

19世纪中叶，随着邮借和馆际互借方式的出现，以及20世纪初电话咨询方式的兴起，出现了并不访问图书馆的图书馆读者。

20世纪以后，以开架服务为基础、以方便读者为目的的各种服务方式相继出现并得到广泛推广与应用。如20世纪初在美国和英国出现的流动书库，以及在许多大型图书馆和大学图书馆设立的参考服务。第二次世界大战以后，图书馆服务的内容和方式日益增多。1956年美国国会制定了《图书馆服务法》（1964年发展成《图书馆服务与建设法》），图书馆服务逐渐走向法制化、科学化和现代化。

20世纪70年代前后，图书馆工作的计算机化主要应用于内部业务，并未从根本上改变图书馆服务的基本架构。20世纪80年代兴起的信息化热潮，对图书馆传统的一次文献服务形成强烈地冲击。信息服务是以向人们提供有用的显性信息为内容的信息传播过程，其特点和局限性在于信息内容限于素材性的显性信息及显性知识。在信息服务过程中采集、提供的信息，主要是将作为素材化的材料直接提供给用户，如一次文献、二次文献等。人们通过各种检索手段，获取文献或数据、事实信息。

随之20世纪90年代网络的出现，文献利用的"场所束缚"、图书馆利用的"时间限制"、文献与利用者的"地理间隔"等问题不复存在。图书馆服务朝着服务的便利性，服务的自助利用与馆外利用等方向发展。

二、读者服务工作的变化

探讨图书馆读者服务工作的发展趋势之前，我们有必要先了解一下在现阶段图书馆读者服务工作的变化。因为只有根据其变化，我们才能得出其发展趋势。

图书馆变革的根本原因和动力即在于阮冈纳赞所说的"图书馆是一个发展的有机体"，是开放的社会机构。因为是发展的有机体、开放的机构，就必然要从周围环境中输入新元素，并在图书馆"肌体"内消化代谢，生成新的可以向社会输出的产品和服务，并将社会对它的反映再反馈回"肌体"内部；因此随着社会的发展，技术的进步，图书馆基本功能随着社会的发展保持了下来，但是它与社会关系的集中体现——服务，无论是作为制度基础的法律，还是实践的基本内涵，如服务的内容、方式和方法却在不断地变化和变革中。

当今社会是网络信息社会，网络在人们的学习、生活中占有愈来愈重要的位置。置身于此的图书馆服务，尽管还存在许多传统方式，但服务途径和手段与过去相比已有巨大变化。

1. 图书馆服务环境的变化

21世纪是知识经济时代，知识与信息已成为经济活动中的生产要素。知识经济的不断发展，加快了知识创新的速度，促进了信息的交流与利用，人们信息需求不断增加，对图书馆信息服务提出了新的要求。由于受到社会环境变化的影响，图书馆服务环境也发生了重大变化。

在网络信息时代，用户可以不受时空的限制，通过因特网轻而易举地检索到所需的各种信息，甚至可以方便快捷地下载和浏览全文文献和多媒体信息。随着宽带网进入家庭，用户坐在家里就可以获得信息、接受远程教育、欣赏文艺节目等。网络环境为图书馆工作提供了一种新型的快捷、跨时空的信息服务方式。传统图书馆"坐等上门"的服务局面，以及"借借还还"的服务方式，已经不能适应网络时代的读者要求。为此，各种类型的图书馆都在寻找自己的立足点和生存空间，千方百计地改变服务工作，拓展服务领域和内容，适应环境的变化。最显著的变化是几乎所有的图书馆都安装了计算机设备，建立了供用户使用的公共计算机查询系统，开展了网上预约外借、网上咨询服务等项目。

2. 图书馆服务需求的变化

传统图书馆是以文献为服务单元，注重读者群体概念，以向用户提供印刷型文献信息为主，读者需要文献只能采用到图书馆查阅的服务方式，图书馆服务工作和用户信息需求均受到一定程度的限制。在网络环境中，用户的信息需求发生了根本性变化，人们已经不再满足图书馆提供一部书、一篇文章，而是要求提供某一特定信息、某一事物、某一主题的知识信息。图书馆服务范围也随之发生较大的变化，从提供印刷型文献，发展到提供知识信息、多媒体信息、多载体信息。也就是说从传递文献信息，发展到传递知识信息。现代图书馆是以信息为服务单元，强调以人为本的个性化信息服务。即满足读者个性化和多样化的信息需求，提供差别信息服务。当然，传统的文献服务也并非不存在差别，但那种差别是建立在读者群体基础上的，而现代图书馆的信息服务差别是建立在不同的读者个体上，是建立在直接性、多样性和个性化基础上，即根据读者各种不同的个性化信息需求，实行个性化定制服务。

3. 图书馆服务技术手段的变化

传统图书馆长期采用手工操作，无论是采访、编目、典藏、阅览，还是咨询工作，都是以卡片为载体，一切工作都是手工操作，服务工作更是靠劳动密集型操作完成。随着技术的发展，图书馆工作从半机械、机械化过渡到自动化和网络化。现代图书馆服务已大量采用复印机、防盗仪、计算机、传真机、网络传输、卫星传输等设备为用户服务。图书馆利用新技术服务的手段不断增加，如网上参考咨询、网上信息检索、数据传输、网上文献传递服务等。现代技术的发展和现代设备的应用为图书馆服务工作提高了效率。

4. 图书馆服务模式的变化

在图书馆服务工作的变化中，变化最大的应是服务模式的变化。在突破了传统的服务模式制约的过程中，呈现出如下几个趋势。

（1）由封闭型转为开放型

传统图书馆受到经济和技术的制约，图书馆的服务活动局限在特定的范围，服务工作可以说是以阵地为主，一般"等客上门"，所有的服务基本上是"以馆藏为中心"、"以馆员为中心"。图书馆在加工规模、藏书体系、服务范围、人员配备方面基本形成了"小而全"、"大而全"、"备而不用"的自我封闭型办馆范式。图书馆与外界的联系很少，满足于一般的借借还还，图书馆员的思想受到束缚，形成了僵化的管理定式。

在知识经济时代和网络环境下，面对社会信息需求的扩大和技术的发展，图书馆再也不能固步自封，把自己禁锢在图书馆的围墙之中。图书馆的服务工作开始走出图书馆，面向需求、面向用户，主动服务，建立辐射型的开放服务系统。形成"以用户为中心"、"以需求为向导"的主动型服务理念和信息服务模式。目前，图书馆非到馆用户成倍增加，网上信息需求范围逐步扩大就是最显著的变化。

（2）由单一化转为多元化

传统图书馆一般都有比较固定的读者群，图书馆服务也主要为到馆读者服务。图书馆的服务模式培养了自己特有的用户，用户习惯于把获取信息和知识的渠道、方式局限在图书馆，获得信息的方式比较单一。随着社会、经济、技术的发展，人们传播信息的渠道不断扩大，人们获得信息的渠道和方式多元化，传统图书馆向读者提供的阅览、外借、检索、复制书刊资料的服务方式已经不能完全适应用户需求。现代图书馆要满足用户获得信息需求，必然要开展多样型的服务。在转型期已经出现了服务需求多元化、服务形式多元化、服务内容多元化局面。目前许多图书馆开展代查、代检索、代复制、代翻译、联机检索、光盘检索、网上咨询、异地服务、远程教育等，就是为满足用户需求的多元化展开的。

（3）由劳动密集型转为智力密集型

在传统图书馆的服务中，图书馆员向读者提供服务以手工为主，工作人员从事文献的采集、编目、加工、书库管理、阅览服务、参考咨询等工作，大部分是劳动密集型操作，重复性、繁琐性、体力性的工作比较多。服务第一线的工作人员是体力性工作，人员素质相对低一些，其主要工作任务是书刊上架、整理、阅览室环境卫生、简单咨询等，从图书馆的整体动作模式来看，以劳动密集型为主。

随着信息时代的到来，信息需求急剧增加，图书馆服务工作的范围、对象、内容、方式、手段不断扩展和增多。新技术的发展，改变了服务人员与用户之间的互动关系，用户不再局限于与服务人员面对面，图书馆服务工作的劳动逐步从劳动密集型向智力型转变。图书馆员的大量工作任务转向对知识信息进行整合，对网上信息进行检索与筛选后进行超级链接等方面。图书馆员已经成为"信息导航员"、"网上冲浪员"，是信息的中介，直接参与市场信息交流活动。图书馆提供的服务的知识和技术含量不断增大，表现为信息增值服务。

（4）由分割式管理转为整体协调式管理

传统图书馆的服务工作，因手工操作，一般是多部门分块管理。外借部负责图书外借，阅览部负责到馆读者阅览，咨询部只管咨询，报刊部负责报刊借阅，每个部门只管自己所管辖的服务范围，相互间的协调比较差。用户在图书馆内要跑几个地方，才能满足多种需要。有关专家曾经提出，图书馆应建立获取服务部，用户提出的一个信息需求申请，在图书馆内部经过的无数流程和复杂环节，对用户来说并不需要知道，用户仅获取最后的结果。图书馆服务通过技术手段，读者可以在短时间内一站式获取所需信息。随着新技术的发展，图书馆的服务管理必须要有整体的协调性，树立大服务的观念，做到内外结合，横向联合，资源共享，才可能满足用户的需求。

三、读者服务工作的应对

为适应图书馆种种工作的变化，图书馆应实现如下的转变。

1. 实现读者走进图书馆到图书馆走近读者的转变

该种转变包含如下三方面的涵义。

（1）网络上的走近

如许多高校图书馆在校园内开设了校园网，使图书馆进入各个大学生宿舍和教师住宅，使学生和教师在住所即能方便检索利用图书馆的各类文献且不受时间和数量的限制。这样的做法使学生和教师感到图书馆就在自己的身边。

（2）服务上的走近

图书馆实现从闭架书库到开架书库，使读者亲临其境，亲手挑选自己所需的文献资料。图书馆设立各种新书专架，推荐书架、书目展示等，受到读者普遍欢迎。

（3）管理上的走近

图书馆中面向读者的各项规定可重新定位，从读者的角度出发进行文字的修改，其中包括文字规范，使用国内外通用表达方式；语言委婉，让读者易于接受等。还可以在读者中建立社会监督员队伍，由读者来明察暗访，对图书馆管理的各个方面评头论足并予以打分，馆中定期召开监督员会议，由馆领导和有关部门负责人参加，对监督员所提各项建议均逐一落实。还可联系其他图书馆，各馆之间进行网络连接，实行馆际互借、借阅一卡通和异地借还。这些做法，都让图书馆更加贴近读者，也使图书馆的优良服务充分体现出来。

2. 实现从管理者到服务者的角色转变

从图书馆的内部而言，每一位图书馆员或是阅览室管理者、或是书库管理者、或是网络管理者、或是采访编目管理者、或是参考咨询管理者，或是行政业务流程管理者，但所有这些管理者在为读者服务这一点上是一致的。在现在的图书馆各项工作中，图书馆的工作者往往比较多的是将自己的角色定位为管理者，而不是服务者。这样，服务的内容、服务的方式、服务的制度、服务的流程等，较多地是从图书馆的内部出发，从图书馆的管理出发，从方便图书馆员的工作出发，从图书馆的既定业务流程出发，从图书馆长期形成的业务思维定势出发，而较少从读者的需求出发，从未来更方便读者出发，从图书馆不断创新给读者以知识导航出发。总之，在相当程度上，目前的图书馆更多的是管理，而非服务；更多的是让读者来适应图书馆，而不是让图书馆去适应读者。这样的例子在图书馆可以说是俯拾皆是。而分析其原因，正是因为人们的理念还停留在图书馆的"管理者"，其角色没有转变为读者的"服务者"。

如果从图书馆的内部管理和外部服务一起考虑的话，图书馆应该推行以读者为本的"繁简观"，即上繁下简，内繁外简，前繁后简。何以言之？所谓上繁下简，即在管理层应该充分讨论，反复酝酿，各方协调，细则具备；而到一线服务之处则应政令从简，布置清晰，易于操作，执行坚决。所谓内繁外简，即在图书馆内部，各项服务制度、服务流程、岗位职责应该制定得十分详细，规定得十分具体，各项服务活动的准备工作要做得十分充分完备，各项应急预案应考虑得十分周到细致；而对读者和公众，应该言简意赅，易于理解，便于遵守。所谓前繁后简，即在读者第一次到馆时，或为到馆读者提供首次咨询和服务时，应该主动询问，回答具体，介绍详细，服务耐心，以避免读者因不了解情况而为其带来各种不必要的麻烦；而对常来的读者，则要处处为读者节约时间，要言而不烦，动作快捷，方便高效，服务专心。

3. 实现从数量增加型到质量提高型的转变

图书馆的服务在数量增加的同时，必须实现向提高质量的方向发展，这是不断满足读者需求的服务理念。读者的需求是在不断发展变化的，当我们在扩大图书馆的面积、拓展阅览的空间、增加图书期刊的品种、策划图书馆的服务项目、壮大图书馆员的队伍，加大图书馆的投入，甚至进行图书馆大规模扩建的同时，我们应当十分重视提高图书馆的服务质量。在当代信息和知识总量剧增的情况下，广大读者已不满足于以往图书馆的传统服务内容和方式。图书馆作为知识的门户，其图书馆员能够成为知识的采集者、知识的加工者、知识的组织者、知识的管理者、知识的交流者、知识的提供者和知识的教育者，总而言之，要成为知识的导航者。由于多年来形成的图书馆员队伍素质总体水平不高，在加强现有图书馆员队伍的培训、不断引进优秀人才加入图书馆员队伍的同时，我们也可以实行"借资工程"和人才的柔性流动，即可以聘请社会上各行各业的专家到图书馆进行坐堂咨询，既可以是综合性咨询，也可以是专题性咨询；也可以借鉴大学和研究所里的开放型实验室的做法，邀请国内外的专家来从事一些研究项目，以便更好地为读者服务。

要实现图书馆从数量增加型到质量提高型的转变，就要对广大的读者进行个性化的服务和超常服务。图书馆的超常服务，也是图书馆服务质量提高的实质体现。同时，图书馆的超常服务也体现在图书馆员为读者所提供的延伸服务。延伸服务有时间上（图书馆正常服务时间之外）的延伸，也有范围上的延伸（越出本岗位的服务局限），还有内容上的延伸（超出图书馆业务服务范围），以及空间上的延伸（为外地及境外读者服务，为读者离开图书馆后提供服务）。

要实现图书馆从数量增加型到质量提高型的转变，还应在图书馆中创造并培育出标志性的信息服务产品。就期刊而言，国家图书馆的《中国图书馆学报》、中国科学院文献情报中心的《图书情报工作》、上海图书馆的《图书馆杂志》等就是标志性的信息服务产品。全国图书馆界合作完成的《中国图书馆图书分类法》、《中国古籍善本书目》，全国高校图书馆系统联合建设的"中国高等教育文献保障系统"（China Academic Library & Information System）等也都是标志性的信息服务产品或信息技术保障手段。

四、读者服务工作的发展趋势

从目前的图书馆发展状况来看，读者服务工作总趋势可概括如下几点。

1. 参考咨询——对寻求信息读者的个别帮助

参考咨询工作无论在传统时期还是在现代网络环境下，都是图书馆沟通用户与信息源的一种有效形式。我国图书馆参考咨询工作自产生以来就处于不断的发展变化之中，从简单的问题解答、馆藏书目查询，到定题情报服务、研究课题查新及检索工具使用的教育辅导等；从纯手工检索文献、口头解答问题，到机械化检索文献和借助于电话、传真等进行咨询。参考咨询的有效开展，在很大程度上配合了图书情报职能和教育职能的发挥。但自进入20世纪90年代，传统的参考咨询手段已越来越难以满足社会快速而复杂的信息需要，加上互联网络的开放兼容性和信息资源共享性的特点，图书馆的传统服务受到来自互联网的强有力挑战。

自20世纪中期以来，国外的一些图书馆正在摆脱传统的参考咨询模式，即充分利用网络技术成果，极大地改变了参考服务形态。这种变化不是局限于传统的咨询内容和手工化的服务方式，而是从数据化、网络化的视角出发，开拓信息咨询业务的新内容和新方式。许多图书馆往往收集并保存着大量互相重合的以及失去价值的资源。占用了有限的物理空间，使图书馆发展受到了严重限制。计算机信息处理和网络通信技术的广泛应用，使文献信息资源越来越多地以数字化方式存在，文献资源的供给也通过互联网络来完成，图书馆自身物理空间呈现为虚拟形态；参考咨询业务因而突破了馆藏概念，信息资源呈现"无围墙"状态。信息载体由传统的印刷型文献发展到电子版、视听版、缩微版、数据库和多媒体文献，尤其是因特网上的信息资料，成为参考咨询的重要资源。图书馆传统的参考咨询工作若要谋求进一步发展，首先要设法改善服务技术手段和信息资源环境，而数字参考服务恰恰适应这种发展需求。数字化参考咨询服务的状况将成为体现现代图书馆服务水平与层次的重要标志。

在国外图书馆界，数字化参考服务（Digital Reference Service, DRS）从产生到现在，仅30年的历史。但是，就是在这短短的30年中，DRS已经相当普及，并以强劲的发展势头引领着现代图书馆信息服务的新潮流。

数字化参考服务，又称虚拟参考咨询服务（Virtual Reference Service）、网络参考咨询服务（Network Reference Service）。数字化参考服务主要是在网络环境下，图书馆或信息机构以网络为信息阐述手段，以数字化信息为基础，通过E-mail、web表格、在线交谈、视频会议等方式进行的参考服务。这种服务形式不受时间、空间的限制，能够借助相关资源，通过咨询馆员或特聘学科专家来为用户提供24小时的不间断服务，它代表着现代图书馆信息咨询服务的发展方向，其内涵要比传统服务更深厚。

虽然目前公共图书馆的数字参考服务尚不普及，网络实时服务还不能成为参考服务的主流业务，数字参考服务对参考服务全局的影响还没有完全显现出来，并可能在未来的几年仍将处于配属状态，但与传统参考咨询相比数字参考服务具有的优势是显而易见的。

第一，多样化的内容。数字参考服务的内容不仅包括传统参考服务中常规性的简单问题的解答，如馆藏文献书目查询、图书馆以及检索工具使用的教育辅导等，还包括网络信息资源的介绍、查找、评价、选择与提供，网上定题服务、简报服务，网络远程教育等。

第二，自动化的手段。数字参考服务的最重要特点就是服务手段的自动化、电子化、网络化。咨询馆员不需要与读者进行面对面接触，主要依赖计算机对信息进行自动化的查询、获取、分析、加工、存储等处理，利用互联网技术等电子化手段能更大程度地实现与读者之间的交流。

第三，智能化的结果。由于咨询馆员借助计算机进行信息处理，如互联网数据库检索、光盘数据库检索、网络信息传输等现代信息技术，因而可以向读者提供更高水平、更高层次的解答，提供针对性更强、更具附加值的智能化成果。

第四，服务范围与信息源的广泛化。网络环境最大的优势就是打破时空界限，读者无论身在何处，都可以全天候向咨询员发送问题，咨询员也可以利用丰富的、海量的网络信息资源解答读者的问题，这是传统参考服务时代所无法想象的。

目前，国内外比较常见的数字化参考咨询服务（DRS）的方式主要可归纳为 Help 系统和 FAQ（常见问题解答）信息服务、异步服务（Asynchronous）、实时交互服务（real time）和合作化数字参考咨询服务（CDRS）。

Help 系统和 FAQ：这种方式是对各种网络数据库本身如何使用进行介绍和说明，形成一个联机帮助系统，汇总常见问题，整理后放在网上供用户浏览。在问题增多、浏览不便的情况下，经过技术处理逐步形成 FAQ 数据库，用户可以方便地查看自己提出的问题是否已有现成的答案，或者通过输入分类号、关键词等渠道获得所需的解答情况。

这种参考咨询方式问题比较集中，且具有针对性，用户获取现成答案的速度比较快。但缺点是通常只列有常见的问题集，用户也只能被动地检索并接受答案，在遇到常见问题集里没有自己提出的问题时就会无所适从。

异步服务（Asynchronous）：这是目前参考咨询最流行也是最简单的服务方式。通常的做法是在图书情报的网站主页或者某个网页上设立"参考咨询"或"询问图书馆员"（Ask A Librarian）的链接，以电子邮件（E-mail）、电子表格（E-Form）、电子公告板（BBS）、留言板（Message Board）等形式来完成。在图书馆，一般是在本馆的网站上用 Ask A Librarian 加以链接，用户以电子邮件（E-mail）、电子表格（E-Form）等形式来提交请求。Ask A Librarian 在接到用户请求后，以电子邮件（E-mail）形式作出答复。其突出特点是简单易行，但最大的问题是因基于异步处理而使用户与咨询员之间缺乏实时的交流，导致咨询结果不能得到及时反馈。

实时交互服务（real-time）：这种服务是在网上实时进行的、面对面的交流，其主要形式是网络聊天室（IRC）、桌面视频会议（DVC）、网络寻呼机（ICQ）等。目前广泛采用的Chat软件技术。使用基于FAQ数据库管理的参考咨询服务，每次的提问和解答过程都依靠后台数据的支持，系统管理员或参考咨询员在经过筛选后，将有价值的问题及其解答加入其FAQ数据库中，不断增加FAQ的数量，在规定的时间内提供给用户。

实时交互服务大大提高了咨询服务的质量，尤其是网络客户呼叫中心这类软件，能有效支持远程的复杂咨询和用户培训，服务效果更佳；但实时交互服务也存在着一些有待解决的问题，诸如咨询人员的合理配置与培训、技术和经济运行条件的保障以及咨询过程中用户行为随意性的控制等。

合作化数字参考咨询服务（CDRS）：前几种参考咨询方式在实施过程中，其方便性很容易带来急剧增加的咨询请求量，咨询人员也经常遇到超过自身知识和可利用资源量的复杂问题，而且由于人员限制，单个图书馆很难做到全天候的咨询服务，于是便出现了合作化数字参考咨询服务（Collaborative digital reference service，简称CDRS）。

CDRS是利用网络技术建立起来的，有多个图书馆甚至多个系统间的互联数字化网络在任意时间、任意地点为用户提供的参考咨询服务。这种方式运用最新的科学技术成就，能够在相关的数字化信息资源中提取、筛选出最好、最准确的答案。这种服务方式几乎可以使解答咨询的图书馆员在海量的数字化信息资源中左右逢源，极大地满足用户的咨询请求，有效地实现信息资源、人力资源和服务资源的最大化、最优化的共享与利用。因此，合作化数字参考咨询服务将成为未来数字图书馆参考咨询服务的重要模式。

在数字化信息环境中，图书馆与其他信息服务机构处在同一起跑线上。但是，图书馆的优势又是显而易见：信息服务毕竟有其悠久的历史，具有丰富的经验，藏有巨量的印刷品和数据库资源，专业人员和技术力量也相当雄厚。合作与竞争同在，机遇与挑战并存。数字化图书馆时代需要参考咨询服务，就是要大力提高文献资源和信息资源的利用。正如培根所说："知识的力量不仅取决于其本身的价值大小，更取决于它是否被传播及传播的深度与广度。"只有大力开展新时期图书馆参考咨询服务，图书馆事业才能顺应时代的要求，得到有力的发展。

2. 关注弱者——从物理的无障碍到虚拟的无障碍

获取信息是人权最基本的内容，然而对弱势群体，如文化水平低下、社会地位不高的群体；经济上处于弱势的群体；地理环境处于弱势的群体；少数民族，身体残疾者等弱势群体，图书馆开展对弱势群体的服务是维护他们基本人权的体现。现代图书馆的读者服务工作要真正让读者满意，则必须确保那些由于某种原因不能得到主流服务的少数群体也能够平等地享受到各种服务。

可以说，公共图书馆免费教育的理念与实践，使得弱势群体能在这里以零投入而获得信息和知识；而图书馆"有教无类"的思想和无差别的服务理念，使弱势群体社会平等的政治愿望和接受教育的基本权利得到切实的体现和保障。这种信息无障碍的服务理念是数百年来全世界图书馆服务的宗旨。然而，随着人类进入所谓的"信息社会"、"知识经济社会"，人们获取信息的方式发生了变化，由于社会地位、知识水平和经济实力等方面的差别，在信息资源的分配和获取上，出现了"信息富人"和"信息穷人"的区别。对于弱势群体，图书馆成为他们信息资源的最后提供者，所以有人把公共图书馆称为"信息时代信息穷人最后的避难所"。因此，如何更好地深化信息无障碍服务，是每个图书馆应思考的问题。如何为残疾读者度身定做，进行个性化服务，也是提高图书馆信息无障碍服务的重要一环。

从图书馆服务而言，要构建信息无障碍的环境应包括两个方面：一是物质环境的无障碍。这主要指的是坡道、盲道、扶手、残疾人专用洗手间、专用电梯及方便按钮、设置音响信号装置等。越来越多的图书馆，尤其是新建的图书馆在馆舍建筑上开始考虑为残疾读者提供服务。二是信息和交流的无障碍。如果我们从方便读者的角度出发，设身处地为残疾读者着想的话，残疾读者到图书馆来看书和借书有与正常人相比的诸多不便。因此，在信息技术的支持下，图书馆的物质环境无障碍服务正向虚拟无障碍方向发展。国内外图书馆近年来大力发展的网络服务和虚拟参考咨询服务也可看做这种发展趋势的体现。所谓信息和交流的无障碍主要是指盲文读物、盲文计算机、影视字幕、天花板书、朗读服务、手语、网络服务、送书上门等。

一些图书馆考虑残疾读者行走不便，开展主动送书上门服务。在世界一些发达国家的图书馆，目前已经将传统的阵地服务与先进的网络服务有机结合起来。一些图书馆的空间与文献布局已经完全摆脱了多少年来常用的文献载体和文献类型的划分，重新按照内容主题来划分。如法国国家图书馆、里昂图书馆、纽约公共图书馆等都是如此。如法律阅览室，可以将法律的图书、期刊、工具书、缩微胶卷、视听资料、电子文本、网络资源等集于一室，将印刷文献和计算机检索融为一体，这样可以免去读者包括残疾读者地来回奔波之劳。

3. 奠定品牌化服务的基础——特色图书馆

提高图书馆的服务质量，就要提倡品牌服务。这里的品牌，包括受用户欢迎的标志性产品，也包括得到读者承认和信任的高水平馆员。一个图书馆要在未来的服务与管理中得到持续的发展，要提高其核心的竞争能力，就要保持并推出其品牌服务。

服务要形成一种品牌，强调的是一种服务社会的形象与口碑。品牌化服务突出的是服务的特性与特色。品牌化服务是服务品牌的延伸与深化。图书馆品牌化服务的基础主要是特色馆藏。在网络化、数字化不断发展的今天，数字资源是网络服务的基础，具体到每一个图书馆就是特色馆藏的数字化和特色数据库的建设。

如何把有限的经费用在刀刃上，如何吸引住读者，如何使有限的资源充分发挥效益，从20世纪80年代中期开始，许多图书馆便不约而同地在开展特色服务方面寻找突破口。我国公共图书馆界关于图书馆的特色服务以及更进一步升华为特色图书馆的实践探索，便是在这一时代背景下产生的。集中力量在读者需求相对突出、集中的某一方面建立自己的特色，形成自己的优势，做到"人无我有，人有我优"，是图书馆在现实条件下可以办到且行之有效的办法。因此，特色图书馆也是随着读者的需求变化而产生发展的，它使得公共图书馆呈现出向专业化发展的趋势。

应区分"特色图书馆"与"图书馆的特色"这两个概念。这些年来，理论工作者普遍强调图书馆要办出特色，包括图书馆的藏书特色问题、图书馆的建筑特色问题、图书馆的管理特色问题、图书馆的人才特色问题等。但这种特色只是各图书馆内局部的变革，因此我们不能将这种现象称之为"特色图书馆"，称之为"图书馆的特色"，更为妥帖。无论从理论上还是在实践中，办出"有特色的图书馆"和"特色图书馆"都是不能等同的概念，我们不能以偏概全，不能因为一个图书馆在某个方面或某些方面有特色，就将其称作"特色图书馆"。

对于特色图书馆这一概念的提出及界定，目前仍有许多争论，意见并不统一。在这里，我们取一种大家都认同的说法。即特色图书馆是系统组织与管理特定学科（主题、领域）的知识信息，为特定用户群提供特色服务的图书馆。要正确理解特色图书馆的概念，还应从如下几点入手。

第一，特色图书馆不隶属于公共图书馆。20世纪80年代中期，我国图书馆事业，尤其是公共图书馆事业发展处于相对低潮时期。公共图书馆为了更好地吸引读者，开展了一系列特色化服务活动，"馆中之馆"、"专藏室"等十分红火,"特色图书馆"称谓因此在公共图书馆界频频使用。据统计,全国80%县级以上的公共图书馆建设具有某方面的特色,上海市公共图书馆100%具有一定的特色。如果80%～100%的公共图书馆是特色图书馆,那么以后特色图书馆是否可以完全取代公共图书馆?答案无疑是否定的。其实,这只是"特色图书馆"的滥用,是把图书馆特色化当作特色图书馆而已。图书馆特色化,是包括公共图书馆在内的所有图书馆追求可持续发展的新举措。自然,特色图书馆也不是公共图书馆的专利,不应当隶属于公共图书馆。

　　第二,特色图书馆也绝不是专业图书馆。专业图书馆,即科学与专业图书馆,亦称专门图书馆。社会教育与科研的需求,是专业图书馆存在的前提,而这种需求无疑是巨大的,因此专业图书馆的数量极多并且自成体系。即使是同一专业的专业图书馆,在全国也构成了本专业信息资源共建共享的图书馆网络。而特色图书馆是特别的或特殊的图书馆,是以特色馆藏资源为特定对象进行特色服务的图书馆。在全国乃至全球,同样的特色图书馆极少,就是那么一两家。显然,特色图书馆与专业图书馆有质与量的区别。

　　第三,特色图书馆不等于图书馆特色化。特色图书馆是指有"特色"的图书馆,是独特的而不是普通的图书馆;图书馆特色化是指普通图书馆具有某方面的特色。因此,特色图书馆是全国或全球数量极少的个别化图书馆;图书馆特色化则是图书馆为了更好地为公众服务,追求在某一方面的特色化建设,所有的图书馆都能够而且应当力所能及的"特色化"。例如,韶山毛泽东图书馆、网上孙中山图书馆、湖南女子大学图书馆、美国历届总统图书馆和原苏联木头图书馆与泰国水上图书馆等都是特色图书馆;而"馆中之馆"、"专藏室"、"特色服务部"以及"一套班子,两套人马"的图书馆都不是特色图书馆,而是图书馆特色化的具体形态,例如甘肃省图书馆(敦煌文献与西北少数民族文献)、南京图书馆(太平天国文献)、北京东城区图书馆(北京服装图书馆)、北京崇文区图书馆(包装图书馆)、天津市少年儿童图书馆的"绿色环保阅览室"以及湖北、上海、广东等某些"特色化"的公共图书馆。

　　第四,特色图书馆相对普通图书馆而存在。多元经济、多元文化,必然要求多元的图书馆。社会分工向专业化方向发展,公民对图书馆需求日益多样化。图书馆类型,在不同国家、不同时间和不同情况下有不同的划分方法,一般以如下标准来划分图书馆类型:按隶属关系、按藏书成分、按读者对象、按主要任务、按所有制等。但特色图书馆不是按这些标准划分的,而是以图书馆的功能与作用为标准划分为具有普通功能与作用的普通图书馆和超常规功能与作用的特色图书馆。特色图书馆是一个"独立"、"独特"的图书馆,用"特殊图书馆"或"特别图书馆"称谓或许更为恰当。普通图书馆，尤其是公共图书馆，是保障公民平等地享受教育权利的公益性组织，因而不可避免地存在"千馆一面"的现象；特色图书馆是以特定服务对象为目标，因此拥有独特的馆藏、服务对象和服务方式，特色图书馆永远不可能也不应当代替普通图书馆。

特色藏书与特色服务是特色图书馆工作的核心。藏书之特殊主要表现在它系统、全面地收藏特定学科（主题、领域）的文献信息，做到一新二用三适用。它强调文献信息类型的齐全，注意各种载体的收藏。尤其是为了配合科研、生产实验，它在收集文献资料的同时，还要求对相关实物的收藏。

服务之特殊主要表现在要突破传统服务模式、服务范围，要取得独特的服务效果。这种服务除了通常的借借还还、定题服务、跟踪服务、参考咨询之外，还要求视其条件与需要，参与其中，与科研、生产融为一体，如医药图书馆可同时设立医疗门诊、医疗咨询点等。通过利用图书资料与实际运用相结合，进行研究实验，这种服务在某种程度上已不是为他人作嫁衣，而是在为自己服务，因此，它应该是更加主动的服务。

特色服务需要专门人才，也为专门人才的培养提供了机遇和环境。专门人才的培养导致服务方式的改变，服务水平的提高。图书馆的"特"，服务对象的"广"，藏书的"精"，人才的"专"，成效的"显"，互为因果，互相促进。从外界讲，它们可以丰富读者对公共图书馆的认识，增强读者对图书馆服务的信心，从而扩大对图书馆凝聚力的影响。

4. 图书馆教育职能的体现——远程教育

教育职能是社会赋予图书馆的基本职能。学校教育只能伴随人生的某一阶段，而图书馆提供的教育则可以贯穿人生的每一个驿站。在21世纪的今天，面对知识经济的时代，面对亟须终身教育的学习型社会，面对与"信息社会"具有同等涵义的"网络社会"的出现，面对我国教育资源的短缺，必须大力兴办现代网络远程教育。图书馆应该肩负起历史的使命，抓住这一有利时机，扩展图书馆的教育职能，大力开展现代远程教育，带动图书馆网络化、数字化建设，以求在信息社会中占据举足轻重的位置。

治学离不开图书馆，现代网络远程教育的实质是教育者与被教育者之间的知识传递和信息交换，其成功取决于教材、学习辅导材料、传递和交流手段以及技术应用等。对此，图书馆与远程教育不谋而合，它在资源、技术、设备、场所上有着得天独厚的优势，其前景是令人鼓舞的。

(1) 现代图书馆在远程教育中的作用

长期以来，图书馆对大量的文献资料进行收集、整理和存储，将知识和信息组织化和有序化，形成了丰富而有特色的文献信息资源，这是其他的社会机构所不能比拟的。另一方面，虽然在网上能获得的用于远程教育的文献和信息越来越多，但由于网上信息来源复杂多样，有价值和无价值的资源混杂在一起，真实性和可靠性无法保证，而且网上信息组织化程度不高，基本上处于一种无序化状态，对于那些没有学习过信息检索的人来说，想要准确快捷地检索到所需的信息，反而是越来越难了。而传统图书馆的职能之一就是对知识及信息进行组织和整序，因此图书馆不但能合理地筛选和组织网上的信息，而且能对信息用户进行检索能力的培训。基于以上两个原因，图书馆必然成为信息交流和传递的中心所在，成为远程教育中的重要支撑体系，对推动我国教育及信息化进程起到相当积极和重要的作用。图书馆在远程教育中应起到如下几方面作用。

现代图书馆在远程教育中的作用首先是信息的组织和整序。我们知道能够成为远程教育信息资源的有三种：一是本馆的馆藏信息；二是利用资源共享，共享到其他大学图书馆的数据库；三是因特网上的所有信息。图书馆应当用科学的方法和技术组织这些信息资源，尽快地从大量信息资源中收集和筛选出对用户最有价值的信息，把无效的知识排除掉，使其成为真正的资源，并使之有序化，充分为用户所用。

其次，现代图书馆在远程教育中还可以提供信息服务、文献及信息的发送、创建本馆的主页（Homepage）进行服务、聘请学科权威开展在线讲座和在线咨询、开展有特色的网络导航服务。

(2) 对信息用户进行信息素质的培养

对于部分信息用户来讲，网络还是一个相当新的环境，要达到自如地运用检索工具，查找特定内容还存在着一定的困难。因此，必须对信息用户进行信息素质教育，使其掌握网络信息的知识，基本的检索、选择、评估方法和技巧，以及常用的信息资源，使其既要知道信息资源的所在，又要知道如何去获取。

(3) 图书馆远程教育面临的问题

远程教育的技术性引发的图书馆自动化问题。图书馆的远程教育要求图书馆必须实现自动化。图书馆的自动化可划分为数据库建设和网络建设。数据库建设首先应当注意要先用一套功能先进又经济的数据库建设软件，其次应当注意图书馆员在建库时不应只求速度不重质量，一定要把数据库建得规范化和标准化。网络建设离不开高性能的硬件设备和传输速率高而收费低的通信线路。而在我国目前情况正好相反，是上网交费高而传输速率低。因此，我们应当争取更多的资金支持，加大对图书馆网络系统建设的力度。

图书馆远程教育的开放性引发的知识产权问题。远程教育和文献资料的数字化已经成了未来发展的必然趋势，可是以数字化为核心的信息技术都对知识产权制度提出了严峻的挑战。图书馆远程教育过程中涉及知识产权的大致有两方面：一方面是图书馆对文献资料进行数字化，事实上是一种对作品的复制行为，既然数字化属于复制行为，那么归属图书馆在复制时就应得到著作权人的允许。因此，图书馆在制作数据库时应处理好与其版权所有者的关系；另一方面，图书馆建立起数据库之后，也应注意其他人或机构非法利用图书馆的数据进行商业活动。但是，我国著作权法及实施条件中尚未对数据库问题做出专门规定，由于世界各国在数据库问题上利益不同，意见也不一致。因此，高新技术尤其是数字化技术已经使知识产权陷入了前所未有的复杂关系中。值得期待的是在国家自然科学基金项目"高新技术知识产权保护及其对传统知识产权制度的影响"的研究中，建立知识产权与社会公共利益，包括知识产权与图书馆、公共信息机构、教育与社会公众之间的利益平衡问题已被当作了重点研究的目标。

服务是图书馆存在的理由，而服务质量的提高则需要不断地创新。我们要用"一切为了读者"的服务理念，用网络化、数字化、个性化、国际化的发展理念来重新审视图书馆现有的服务理念、服务内容、服务布局、服务流程、服务方式、服务设施、服务戒律、服务行为、服务形象。我们在日常工作过程中应多问一下为什么这样做或必须这样做，多思考一下目前这样做是否以读者为本，是否方便读者，是否能够满足读者的需求，是否能够引领读者走向未来。这种思维角度的转换和创新，必然会给我们许多有益的启示和发展的动力。

第六章　文献的流通服务

读者服务工作是图书馆工作的重心，是图书馆一切工作的归宿和出发点。其中文献的流通服务工作，则是图书馆为读者服务的所有工作中最基本、最重要的中心工作。流通工作是直接满足读者需要的服务活动，它不仅是联系图书馆与读者的桥梁，同时也是图书馆工作质量和服务质量的直接体现。目前，尽管网络环境已经形成，但是文献的流通仍然是图书馆的主要服务手段。乍看起来，文献流通服务工作似乎很简单，无非是借借还还，但要把它做好，做出特色，做出成绩，让大多数读者感到满意却并不容易。在这里着重介绍文献流通服务体系。

第一节　文献流通服务概述

一、文献流通工作的意义和作用

1. 文献流通是图书馆履行其社会职能的主要手段

图书馆的社会职能是通过图书馆的搜集、整理、保管、流通，来保存人类科学文化成果，传递科学文化知识，为发展社会生产力、促进社会发展服务的。而直接为生产、为社会服务的首先是文献的流通。文献流通工作之所以被当作图书馆各项工作的中心，被当作衡量一个图书馆工作质量和水准的标尺，就在于它是履行图书馆社会职能的最基本手段。

2. 文献流通是传送科学文化知识的重要途径

文献是传递人类科学文化知识的重要工具。文献记录着古往今来人类认识世界、征服世界的智慧和经验，是人类千百万年积累起来的知识宝库。人们要进一步认识世界、改造世界，首先要掌握人类已有的知识，要借鉴前人和他人的经验，而这些知识、经验只有从文献中才能详尽、系统、准确地得到。所以，人们总把图书馆称作"知识的海洋"。可以说，文献是知识的代名词。文献流通，就是知识流通、知识传递。

3. 文献流通是开展思想政治教育的一条重要渠道

图书馆不但是传播科学文化知识的场所，而且是对广大读者进行社会主义、共产主义教育的重要阵地。尤其是在建设有中国特色的社会主义的历史新时期，图书馆所担负的政治思想教育的职责尤为繁重。图书馆是通过各种优秀文献的流通借阅和宣传辅导，达到"以书教人，以书育人"的目的。因此，文献流通是具有"思想性"的。它可以通过文献去影响读者的心灵、启迪读者的意志，以起到宣传教育的作用。

二、文献流通工作的现状与问题

1. 服务手段落后，服务方式单调

图书馆经过几年的改革，从全局看，一些现代化的设备和先进技术已经在图书馆得到利用，许多图书馆，尤其是高校图书馆已经实现了自动化、网络化。但不可忽视的是，仍有相当数量的图书馆，尤其是小型图书馆或县级公共图书馆，目前仍然是以手工借还为主的服务方法。

2. 工作任务繁重

相对于图书馆工作体系的其他部门，如采编部门、信息系统部门，流通部门因其直接接触读者，处理与读者有关的各种事宜而成为整个图书馆工作最繁重的部门。以高校图书馆为例，随着教育体制的改革，学校的招生数量不断增加，图书馆流通工作的任务也随之加重。数十万册藏书对外开放使用，读者多，最大的问题就是乱架现象，要配合目录使藏书有一确定位置，提高藏书的利用率和查准率，就需投入大量的人力随时随地保持架面的整洁有序。

3. 工作单调，枯燥乏味

流通人员一上班就来往于图书与读者之间，工作时间较长。借书还书、整架上架等工作，都是机械地重复劳动，日复一日，年复一年，相当单调，枯燥乏味。

4. 工作条件比较艰苦

流通人员每天的主要任务是借还图书，不停穿梭于书架与读者之间，既没有为人师表的自豪感，也没有清静、休闲的舒适感。在各个图书馆都强调加快图书流通，提高图书利用率的今天，流通部门工作量较大，往往使人筋疲力尽。

5. 工作环境差

在传统图书馆建筑设计中，书库大多楼层较低，加上拥挤的书架和满库的图书使库内通风不好,光线暗淡,所以流通部门的工作环境相对较差。

6. 矛盾的集结地,工作难做

这里是工作人员与读者矛盾最集中的地方,常使人感到出力受累又受气。究其原因,我们认为主要有以下几个方面:①大多数读者是通过流通人员的服务利用图书馆,而又有不少读者对图书馆工作并不太了解。加上读者的知识层次和修养各不相同:有的修养较差,稍不如意,便出言不逊;有的态度蛮横,无理取闹;故意刁难工作人员;更有甚者,瞧不起工作人员,认为不就是借还图书,说一些难以入耳的话。工作人员稍不注意,矛盾就会发生。②拒借率高。近年来,经费的增加远远赶不上书价的上涨,复本量明显减少,而读者,尤其是高校图书馆的读者又在逐年增加,几次借不到想借的书就会牢骚满腹。③除服务外,还要具体实施图书馆的借还书制度和损书赔偿制度,在实施中难免与读者发生矛盾。

7. 信任读者、尊重读者、教育读者

图书馆的流通工作中,最易引起矛盾冲突的是有关罚款问题:一是借书超期罚款,二是污损图书罚款。罚款的目的是加快图书流通,促使读者爱护图书,延长图书使用寿命。图书馆员在执行罚款制度时,应从信任读者和尊重读者的角度出发,相信绝大多数读者是自觉遵守借阅规章的,是爱护图书的。对于少数读者还书时,图书馆图书出现涂画、污损现象,我们应仔细了解情况,尊重读者对具体事实的说明,对他进行动之以情、晓之以理的爱护图书馆的公德教育,并处以适当的罚款,以杜绝污损图书馆图书的不良行为的再次发生。

三、文献流通工作的变化

随着信息时代的到来,中国教育和科研计算机网 CERNET 和国际 Internet 网建成,许多图书馆管理实现网络化、检索联机化。面对微机智能化管理,图书馆工作人员的专业技能、服务态度、服务质量面临新的挑战,读者服务工作更加艰巨。

1. 打破了传统借阅方式,告别了手工操作的卡片

图书馆自动化、网络化的实现,简化了借还手续,节约了时间和空间。现代化技术广泛应用之一就是建立了文献流通服务系统,该系统利用计算机扫描仪对新型借书证和图书上的条形码进行扫描,借还书手续可在几秒钟内完成,这无疑使藏书利用率得到了极大的提高,同时也提高了服务质量,减轻了劳动强度。新生事物往往是在实践中逐步得到完善的,图书馆自动化管

理在为图书馆工作带来极大便利的同时，也给文献流通带来了许多新问题、新情况，如由于设备问题带来的漏借、错借等。通过实践，我们总结出做好微机流通工作几点必要条件。

（1）转变传统观念，提高信息交流意识

随着网络化进程的不断深入和发展，一方面，图书馆一些传统的职能慢慢减弱，甚至消失，流通人员的作用更多地开始从"幕前"转移到"幕后"；另一方面，图书馆基础工作也从馆内的"幕前"移到"幕后"，与读者的交流会更多地通过网络来实现。但流通人员自身应认识到，计算机不能完全取代流通工作中的所有环节，它只是一种现代化的管理手段，能够使流通工作变得更加方便快捷，工作人员的参与仍是必不可少的。

现代化图书馆的流通服务既是对传统图书馆信息服务的继承，又是对传统图书馆信息服务的扩展，更是在传统图书馆信息服务基础上的发展和创新。今天，我们应树立起"藏为用，为用而藏"的观念，这种体现了"以人为本"的价值观。以人为中心，以人为主体，以人为根本，让每一本书都为人的需要服务，这是衡量馆藏质量的标准，也是对图书馆流通人员服务水平和服务能力的检测。把馆藏全方位多层次地揭示给读者，让图书走入读者之中满足他们各方面不同的需要。即利用完善的新技术设施，提供高质量的参考咨询，加强书目、索引的编制，及时报道馆藏新文献，将读者吸引过来。

在当前的信息时代，除去实现了微机的借阅，流通工作手工作业，如贴磁条、条形码、上书、整架等，仍是图书馆服务工作的一个重要环节。面对新老工作方式并存的形势，流通部门工作人员，首先要转变传统观念，在网络环境下，树立"大藏书，大服务"观念，提高信息交流意识，由重视图书收藏转向重视读者服务，使自己成为最新信息的传播者。

（2）调整知识结构，提高自身素质

图书馆流通部门始终直接面对广大读者。就目前我国的情况而言，去图书馆借阅的读者，相对来说知识层次较高，对图书馆工作的要求也相对较高，因此工作人员要不断更新知识结构，由"单一型人才"向"复合型人才"转变，钻研微机管理知识和操作技巧，提高实际操作能力，熟悉微机管理程序及应用范围，尤其是流通管理应用程序知识。此外，还应了解信息处理方法和相关科学知识，不断提高外语水平。只有这样，工作起来才会得心应手，才能提高工作效率，才能为读者提供优质服务。

（3）转变服务方式，加强职业道德

新时期向工作人员提出新要求，既要注重文献借阅，又要开展情报参考咨询等深层次服务，从静态的被动服务，转向动态的主动服务，全面了解读者的需求规律。图书馆在微机管理状态下，文献管理更加科学化、系统化、规范化，同时也减少了工作人员失误。流通部门也要制定相应的借阅规则，使工作有序化，使读者借还书更加方便快速。由于读者利用电脑检索书刊目录特别方便迅速，借还书频率要比以往高得多，工作人员只有树立真诚为读者服务的态度，才能使流通工作真正跨上一个新台阶。

作为一名信息流通人员，应不断更新知识，加深知识的深度和广度，达到博学多识、专精博通，知事明断、触类旁通。时时了解本学科发展的动态及新的成果，不断巩固、更新自己的专业知识，才能搞好文献信息的整理综合服务工作。要具有敏锐的头脑和正确判断与决策的能力，掌握时代发展与事物发展的客观规律及趋势，了解学科发展的趋势，有针对性、选择性地做出相应的决策，为各个学科的用户服务。熟练掌握新的现代化技术，应用自己的专业知识和识别能力，整理综合利用网上信息资源，建立自动化网络系统与文献信息保障体系，利用光盘开展信息检索服务，增添图书馆信息服务产业化的能力。

2. 实现了微机化管理

各个图书馆采用的管理系统可通过参数控制借阅数量及期限，有利于严格执行流通规则；还可以查询图书去向，办理预约登记手续；与此同时系统可提供续借、催还、过期罚款、证件管理、流通状况及工作量统计等功能。尤其是通过借阅查询、跟踪图书去向的服务功能，减少了好书滞留在少数读者手里的时间，提高了图书的利用率。

3. 实现了图书网上查询、预约、续借服务

网络环境下，图书馆通过网络提供图书的查询、预约、续借服务，读者不需要到图书馆来，就能找到自己所需的图书。不受时空范围限制，利用任何一台联网的计算机就可享受上述服务，大大方便了读者利用图书馆文献。

4. 借阅统计精确化

精确的借阅统计为图书馆员细化管理提供了必要条件，不仅为采访提供了信息，提高了采购质量，而且可以据此分析不同读者的阅读倾向，调整馆藏结构，加强馆藏建设。

5. 流通窗口配备的数台查询站

在流通窗口设有查询站可使众多读者能直接检索到全馆各种文献的馆藏情况、文献收藏的确切位置、外借情况和文献的载体状况，便于读者选择性借阅。同时，也相对减少了流通工作人员的工作量。

第二节 文献外借服务

外借服务是图书馆传统的服务方法。是图书馆为了满足读者的阅读需求，允许读者将馆藏文献借出馆外自由阅读、独自使用的服务方法。由于这种方法为读者提供了方便，极大地满足了读者可以集中时间阅读、利用馆藏文献的需求，因此是读者最乐于采用、最欢迎的方法。"自由安排，独立使用"是外借服务十分突出的特点。在图书馆的各种服务方法中，这是不可或缺的基本方法之一。

一、外借服务的类型与功能

外借服务满足读者将文献借出馆外的需求，也弥补了图书馆条件与设备不足的缺陷。为了方便读者，最大限度地发挥图书馆外借服务的有效功能，根据外借服务对象、文献来源、外借方式等方面的差别，外借服务的形式可以采取个人外借、集体外借、馆际互借、预约借书、阅览服务、复制服务、邮寄服务等。

1. 个人外借

"个人外借"是图书馆外借形式中最主要最基本的服务形式。读者可以凭图书馆发放的借书证，以个人读者的身份在馆内设置的借书处外借馆藏文献。按照读者外借文献的需求和馆藏文献的种类以及读者成分的不同，图书馆可以设置功能不同的借书处，用于满足读者的不同需求。在整个外借服务中，个人外借，从品种到数量都占外借书刊的绝大部分。

2. 集体外借

"集体外借"是图书馆为群体读者服务的方法。群体读者按照图书馆的规定办理集体借书证，然后由专人负责，代表小组成员或单位读者向图书馆借书处集体外借批量文献，以满足集体读者或单位读者共同阅读的需要。"集体外借"与"个人外借"不同，这种方法一次外借的文献品种多、数量大、周期长。在借阅周期内，读者可以从图书馆借出的文献中，自由地交换调阅自己所需要的文献，从而减少了个人往返图书馆外借文献的时间和困难。这种方法在方便读者、满足读者阅读需要的同时，还有利于图书馆合理安排分配有限的文献，缓和供求矛盾，节省接待读者的时间。因此，这种服务方法在公共图书馆、高校图书馆、科研与专业图书馆采用得十分普遍。

3. 馆际互借

"馆际互借"是图书馆为了满足读者阅读需求，帮助读者从其他图书馆借阅文献的一种服务方法。为了解决馆藏无法满足读者的借阅需求问题，图书馆之间、图书馆与文献情报部门之间，相互利用对方的馆藏文献，通过邮寄或直接外借等方式，为读者间接借阅所需文献。这种外借形式，不仅可在本地区范围和本国范围内馆际之间，也可发展到国际范围馆际之间，从而打破了馆藏资源流通的部门界限，也打破了读者利用文献资源的空间范围界限，实现了不同范围内馆藏文献资源共享。馆际互借是外借服务形式的一种发展发向。

4. 预约借书

"预约借书"是读者向图书馆预约登记某种指定需要而暂时借不到的文献，待图书馆读者所需文献入藏或别的读者将文献归还图书馆后，按预约登记借阅顺序通知读者借书。一般地说，读者一时借不到所需文献，主要原因有：一是读者所需文献已经被别的读者借阅，暂时尚未归还；二是读者所需文献虽然已经采购到馆，但尚未加工完毕，尚未入库流通；三是读者所需文献因排架出现差错，一时无法满足借阅。预约借书可以降低拒借率，满足读者的特定需要，是行之有效的外借服务。

5. 馆外流动借书

"馆外流动借书"是一种采用馆外流通站、流动车、送书上门，将部分馆藏文献送到馆外，直接在读者身边开展借阅活动，主动为广大读者服务的外借形式。"馆外流动借书"扩大了文献流通的范围，方便了不能直接到图书馆借阅文献的读者，密切了图书馆与读者的联系，满足了读者阅读文献的迫切需求。目前，"馆外流动借书"已经成为许多图书馆主动为读者服务的重要方法之一。

"馆外流动借书"的具体服务方式主要有如下几种。

第一，在工矿企业、事业单位、国家机关、城乡居民点等人口相对集中的地方，建立"流通服务站"，挑选实用性强的优秀文献，采用定期交换的办法，通过"流通服务站"为读者开展借阅服务。

第二，由图书馆将经过挑选的文献装进汽车或其他运输工具，送到馆外读者集聚的地点，开展巡回流动外借服务。这种外借服务方式，是图书馆为偏远的农村、山区和远离图书馆的地区的读者开展主动服务工作的有效方式，已成为许多图书馆为读者服务的基本方式之一。

第三，针对重点服务单位、重点服务对象和那些急需文献而又不能到图书馆借阅的读者用户，图书馆采取主动送书上门的外借服务方式。这种外借服务方式深受重点读者、弱势读者的欢迎，也是图书馆为科研课题开展跟踪服务的有效方法。

上述各种外借服务方式，都是为了满足读者用户对馆藏文献的需求以及方便读者用户而开展的服务工作。由于读者阅读需要的多样性和馆藏文献的局限性，图书馆还需采取其他服务方式共同服务读者。

二、外借服务形式

1. 闭架外借

所谓"闭架外借"，是指读者在借阅图书馆的馆藏文献时，自己不能进入书库自由挑选书刊，只能通过查阅目录，填写索书单，请馆员帮助提取并办理借阅手续。

2. 半开架外借

所谓"半开架外借"，是指图书馆根据馆藏书刊复本量的多少、是否热门书刊、是否最新到馆的书刊等情况，将最新书刊、热门书刊和复本书刊等向读者实行部分开架借阅。

3. 开架外借

所谓"开架外借"，指的是读者在借阅图书馆馆藏文献时，自己可以进入书库自行挑选书刊。当确定了自己需要的书刊后，请馆员帮助办理外借手续，即可携出馆外自由阅读。图书馆采用何种"外借形式"为读者服务，各个图书馆可因地制宜，灵活掌握。一般情况下，读者需要量最大的书刊，可实行"开架借阅"；品种较少、价值较高的书刊可实行"半开架借阅"；流通量较少的过期书刊或珍贵稀少的文献可实行"闭架借阅"。从图书馆借阅体制发展的趋势来看，"开架外借"形式已逐渐成为一种趋势。从方便读者的角度考虑，凡是有条件的图书馆，都应当尽可能地采用完全开架、自由开架的外借形式，为读者利用图书馆馆藏文献提供更多的便利。

三、外借处的设置

不同类型的图书馆，可以根据自己的实际情况和条件，以有利于读者更好地利用馆藏文献为原则，合理布局与安排。一般图书馆外借处的设置主要有如下几种类型。

1. 普通外借处

普通外借处也称总外借处，它是利用图书馆的基本馆藏文献，为本馆所有读者服务的阵地。

2. 专科外借处

专科外借处是指按照不同划分标准，如学科专业、读者对象、出版物类型、文献种类等而设置的外借处。

（1）按学科划分外借处

它是按着大的知识门类设置的外借处。如自然科学书籍、社会科学书籍、文艺书籍、科技书籍等外借处，便于读者按着知识门类索取图书。

（2）按出版物类型划分外借处

如期刊、报纸、工具书等外借处。

（3）按读者类型划分的外借处

如高校图书馆，可分为教师外借处、学生外借处。

（4）按文种划分的外借处

它是依据馆藏文献语种的不同而设置的外借处。如中文外借处、外文外借处。

第三节 文献阅览服务

"阅览服务"指的是图书馆利用一定的空间设施，组织读者到图书馆阅览馆藏文献的服务方法。在图书馆开展的各种服务方法中，阅览服务是不可或缺的基本方法。

一、文献阅览的特点

阅览室具有安静优雅的学习环境和良好的设施，为读者学习、欣赏、研究馆藏文献提供了方便的条件。

读者在阅览室里有多种方式利用文献。有时读者只需查阅文献中的一个段落、一条数据、一个图表或报刊中的一篇文章，如果全部采用外借方法，即费时又费力。而在阅览室里，可以直接查询，既方便又快捷。

读者在阅览室内可以利用许多不外借的馆藏文献，如各种类型的工具书、特种文献、现期报刊、古籍善本等。这对渴求知识的读者来说，具有极强的吸引力。

由于读者在阅览室里阅览的时间往往都比较长，因此阅览室工作人员有更多的机会接触读者，观察和了解读者的阅读需要、阅读倾向和阅读效果，以便于有针对性地进行文献推荐，指导阅读，为提高阅览服务工作质量收集必要的参考信息。

在阅览室的服务环境中，由于室内文献阅读的交换频率高，在短时间内，相同的文献可以被多人利用，从而可以更充分地发挥馆藏文献的作用。

二、阅览室的类型及作用

图书馆可设置各种类型的阅览室，发挥各自的作用，并使它们形成相互配合、相互补充、有机联系的阅览室体系，全面而又有区分地满足各类读者的不同需要，这也是搞好阅览服务的基本保证。

设置阅览室的数量、类型、规模，依图书馆的实际条件和读者需要而定。一般可划分为如下几种形式。

1. 按出版物类型划分的阅览室

当前，图书馆收藏的文献不但类型越来越多，而且载体也多种多样。就文献类型来说，不仅有图书、报刊，而且还有专利、标准、会议记录等。文献的载体更是多样的，既有印刷型，也有缩微型；既有音像型，也有数字型。如果将同一出版类型文献集中在一个阅览室，就容易满足读者查找阅览的特殊需要。如报纸阅览室、期刊阅览室、工具书阅览室、多媒体电子阅览室、视听阅览室、缩微资料阅览室等。

报刊阅览室：此室主要陈列现刊和当月当日的报纸。以开架陈列方式供读者在室内阅览。这里的文献资料出版周期短、速度快、内容新、情报性强、信息量大，是图书馆开设的主要阅览室。

工具书阅览室：工具书一般包括字典、词典、百科全书、年鉴、手册、表谱、图录、人名录等。我们在阅读文献、分析情报资料时，往往会碰到这样一些问题，诸如不解其意的生字、专业名词术语、学者名字、某种科学理论、历史事件、年代、数据等。为了适应上述需要，图书馆收藏了大量的种类繁多的参考用书，也就是参考工具书。这些工具书一般价格昂贵、复本少，所以不外借，为了便于读者查检利用，将这部分藏书集中放在一个地方，即工具书阅览室，以方便读者随时利用。

多媒体阅览室：这是近年来随着校园网的普及和计算机技术的发展而建成的一种新型阅览室。在这种现代化的阅览室中，读者可以利用计算机浏览互联网的信息资源，或检索其他网络数据库，或通过网络访问其他图书馆的馆藏资源。

2. 按知识门类划分的阅览室

指集中某些学科范围的书刊资料，便于读者按学科需要利用文献的阅览室。包括：综合知识阅览室，哲学、社会科学阅览室，马列经典著作阅览室，自然科学阅览室等。

设置这种分科阅览室已成为图书馆阅览服务工作朝专业化方向发展的一种趋势。对于读者而言，分科阅览室已成为进行系统学习、科学研究的阵地。

分科阅览室工作人员的配备，应注意挑选那些综合能力较强的专业人员。只有这样，才能做好分科阅览室读者服务工作。

3. 按读者对象划分的阅览室

为了更好地开展服务工作，满足不同类型读者的需求，许多图书馆都根据读者对象来设置阅览室。在这些阅览室内，根据读者类型的不同，陈列不同的文献，配备不同的工作人员，提供针对特定读者群的服务。如"教师阅览室"、"儿童阅览室"等。

4. 按文字划分的阅览室

这种阅览室主要有"中文文献阅览室"、"外文文献阅览室"和"少数民族文献阅览室"等。该类型阅览室的设置，主要是为了满足读者研究不同文种的相关文献提供方便条件。

图书馆所设立的各种类型的阅览室，一般都是开架阅览，读者自己选择文献，在室内阅读，用后放回原处。不允许将所阅资料带出室外。

第四节　馆际互借服务

随着科学和技术不断向广度和深度延伸，文献资源急剧增加，形式多样，类型复杂，内容也越来越广泛，加之各图书情报部门经费的紧张及书刊价格的大幅度增长，任何一个图书情报部门都难以完整、系统地收集当代文献。同时，在信息社会人们对文献资源需求的范围和数量也急剧增大，因此就不可避免地产生有限的收藏和提供能力与不断增长的需求之间的矛盾。这样就从客观上促进了图书情报部门对自动化建设与资源共享的需求，实施馆际互借服务正是为了满足这种需求。

馆际互借是图书馆之间根据协定相互利用对方馆藏以满足本馆读者需求的文献外借方式，是一种图书馆馆际合作与信息资源共享方式，是图书馆提高服务质量的重要业务。任何图书馆都不可能储藏读者需要的所有信息资源，当读者需要某种本地图书馆没有的资料时，馆际互借可将其他图书馆的馆藏作为本馆藏书的延伸，弥补馆藏的不足，实现资源共享。

馆际互借在西方有着悠久的历史。1901年，美国国会图书馆开始对其他图书馆实行馆际外借服务，并向大约 400 多家图书馆提供馆藏目录卡片。1917 年，美国图书馆协会制定了《美国图书馆互借实施规则》。它是世界上第一个馆际互借规则。之后，英、法等国家图书馆也颁布了相应的规章制度。1993 年由美国图书馆协会与成人服务专业委员会再次修订了美国图书馆互借规则，2001 年又加修改，定名为《美国馆际互借规则》。该规则顺应馆际互借的发展，强调了数据保护，对获得申请馆授权可自办的读者减少了代办中间环节，缩短了资料获取时间。

一、馆际互借现状

在高速发展信息传递技术的支持下，图书馆的管理和服务方式正在发生前所未有的变化。近年来，美日等发达国家的图书馆沿着"书本图书馆－自动化图书馆－网络化图书馆－电子图书馆"的路径迅猛发展。目前，我国正处在自动化－网络化图书馆的发展阶段。从 20 世纪 80 年代中期，我国大部分图书馆开始利用计算机等自动化设备。图书馆进入网络化以后，最引人注目的变革是读者能够迅速准确地检索到所需书刊文献。同时，读者会向图书馆提出更多的文献要求。但从目前的状况来看，受图书馆诸多因素的制约尚无法全部满足读者的要求，许多单个图书馆的藏书量与其所面向读者的借阅需求量相当。所以，图书馆不得不重新考虑规划馆际互借。

馆际互借服务的原则，即"互惠互利、平等合作"。综观世界发达国家，基本上都存在地区性和全国性的图书馆合作体系。在合作体系基础上，建立全国性的馆际互借与文献信息传递系统，并且有专门的组织管理机构协调各个系统在资源共享与馆际互借方面的合作，已是图书馆界发展的基本趋势。而馆际互借服务与文献传递在我国的正式开展是近十来年的事情。现在越来越多的图书馆在开展馆际互借服务，这在一定程度上满足了读者的需求，促进了教学科研的发展。但由于我国开展馆际互借服务起步晚，这项工作还不很成熟，还存在不少问题。例如：能够进行馆际互借的文献数量和品种很少，办理手续的程序复杂，响应速度慢，读者群单一，馆际互借缺乏权威性组织的协调和有效法规的规范等，这些都需要借鉴国外先进经验逐一解决。

传统的馆际互借只是局限在馆与馆之间，这一点与国外相比差距很大。在日本，图书馆全部以开架方式为读者提供服务。其中不少比例的借阅最终解决是通过馆际互借。但是我国目前的图书馆馆际互借远未达到日常化，大部分是以无法统计的馆际读者之间委托代借为媒体进行着。据个别开展馆际互借单位的抽样调查，按正规手续办理的馆际互借量所占比例绝对低于同期出借总数的千分之一。尤其是目前很大一部分的文献目录一直未能系统化、普及化、网络化，这无疑是馆际互借的巨大障碍，这种状况使得我国无法在馆际互借方面、资源共享方面与国外进行对等交流。

目前图书馆馆际互借工作发展迅速，我国图书馆界在图书与期刊价格上涨，而文献购置经费相形见绌的情况下，对资源共享的呼声越来越高。在借鉴国外成功经验的基础上，我国图书馆界在馆际互借方面也做了大量的工作，如北京、上海等地已初步建立了地区性的互借协作。2004年6月21日，"CALIS馆际互借与文献传递服务网"启动大会在北京大学图书馆成功举行。CALIS树立了面向全国高校读者提供馆际互借与文献传递服务的整体服务形象，并颁布了《CALIS馆际互借与文献传递网成员馆服务手册》，规定了各成员馆的权利与义务。各项制度和政策更趋于条例化、规范化和网络化，为馆际互借文献创造了良好的运行环境。

二、馆际互借的必要性

计算机技术使文献信息服务日臻完善，文献信息的数据化、非静态化促进了读者借阅兴趣的上升和阅读质量的提高。为了满足读者更高更广的阅读要求，我国图书馆界必须开始规划以崭新的面貌开展馆际互借工作，从目前我国国情来看，开展馆际互借有着多方面的必要性和迫切性。

现代图书馆已不再把实体馆藏拥有量作为衡量事业发展规模和效益的重要指标，而是将文献信息资源的获取能力和读者对文献信息需求的满足率作为衡量办馆效益和服务质量的重要评价指标。馆际互借工作是现代图书馆弥补馆藏资源不足、提高资源供给能力、最大程度满足读者文献信息需求的重要途径。这一服务方式历来受到各级各类图书馆工作者和理论研究者的重视。随着图书馆自动化、网络化、数字化的发展，图书馆之间的物理距离在日益缩短，图书馆文献信息的传输几乎不再有时间和空间的阻隔，文献信息传递的现代化、快捷化为图书馆开展馆际互借工作提供了更多的便捷条件。在新的文献信息传播交流模式下，图书馆加强和深化馆际互借工作显得更加必要而富有现实意义。

馆际互借是在计算机网络环境下发展起来的一种互借形式，其意义主要表现在以下几个方面：一是互补馆藏，实现文献信息资源共享。馆际互借是读者便捷有效地获取文献信息的重要形式，是图书馆之间根据协定相互利用对方馆藏来满足本馆读者需求的一种文献外借方式。二是推动图书馆现代化建设。图书馆自动化与文献资源共享两者互为依托，相辅相成。没有自动化，实现真正的资源共享就失去了技术和设备方面的保障。加大对馆际互借现代化所需硬件、软件及人员培训的投入将加速图书馆现代化建设，是图书馆现代化建设的一个重要组成部分。实现图书馆自动化，改变传统的手工方式，利用先进的计算机、数据库、网络等技术，完成馆际互借工作。三是在图书馆经费紧张的情况下，馆际互借是对图书馆经费不足的最好补充。

第五节　视听服务

一、视听服务概述

随着现代科学技术的发展，新技术、新材料越来越广泛地渗透到图书生产技术之中，第三代图书，即"视听资料"应运而生。视听服务是随着视听资源的出现而产生的一种服务方式和教育手段，是人们利用光电器具设备，通过视听资源，高效率地传递情报信息的服务，是当今图书馆现代化的重要标志。

图书馆开展视听服务工作拥有独特的资源优势，主要表现在硬件技术手段相对比较先进，软件信息资料丰富多彩，其信息展现形式直观形象，真实生动，融声像于一体，体现了"感性先行"这一基本认识规律。因而富有感染力，令人喜闻乐见，且易于接受，故颇为各界人士所欢迎。这项服务的开展是高校视听服务部门有效地发挥教育功能的基础和条件所在。视听资料可分为视觉资料（如缩微平片）、听觉资料（如磁带）、视听混合资料（如录像带）等三大类，它们是经过特殊的技术加工而成的高度浓缩化的资料。如今，这种信息载体以其特有的魅力，越来越多地进入人类的生活、科研和教学中，在未来的图书馆领域中必将占主要地位。当然，视听资料不仅具有形象直观、记录准确，而且具有体积小、容量大、检索快、易保存、易复制，且流通方便、有利于资源共享等优点，这将是图书馆文献资源发展的方向。

需要说明的是视听资料和文字资料都是知识载体，只是载体形式不同而已；对读者的需要来说，它们是相容的，而不是相斥的。因此，图书馆有计划地收藏音像资料和入藏书刊具有同样重要的地位，搞好借阅服务和开展视听服务具有同等的重要意义。

视听服务部门作为图书馆的一个后起的职能机构，在发挥图书馆的教育功能方面，起着不可或缺、无以替代的特殊作用。为了突出图书馆的职能特色，贯彻落实服务育人的基本工作宗旨，强化服务育人的工作意识，进一步加深对自身的教育功能的理解，有必要就图书馆视听服务部门的教育功能及其如何有效发挥的问题进行专门的分析和论述。

二、视听服务的重要作用

1. 教育职能

声像文献的视和听能把抽象概念形象化、微观现象宏观化、复杂过程简明化,从而直观地揭示事物本质和内在联系,为学科相互交叉渗透、完善读者知识结构提供了新的手段,促进学生智力的发展,提高掌握知识和能力的质量。图书馆可以充分利用视听教育手段对读者进行思想政治和专业知识的教育。视听室中的各种电子文献资源都具有深刻的思想政治教育内涵,电影、电视屏幕上生动的故事情节具有很强的感染力,能促使读者增强道德责任感和辨别是非的能力。在专业教育中,运用现代化视听技术,尤其在外语教学、文学作品赏析等方面提供了一个高效能的知识传播场所。另外在扩大读者知识视野、进行综合教育方面也发挥着巨大作用。视听服务是远距离学习教育的重要手段,具有独特的功效;视听资料不受时间和空间限制,为读者提供动态、有声直观的信息,引导读者深刻地感悟知识,并促进向理性知识的飞跃。尤其是对于学习研究生物、化学、医学、美术、音乐等学科知识,视听资料能将音、像信息准确清晰、生动形象地再现,这是印刷资料无法取代的。

2. 馆藏信息资源

音像出版物作为一种新兴的传播媒体,已与印刷出版物并驾齐驱,是文化传播中的重要构成部分,它脱离了传统印刷型文献的形式,直接记录音像和图像,使人易于学习和记忆,大大提高接受信息的效果。

学习比率的研究表明,人们在学习时所获得的知识,通过视觉获得的占83%,听觉占11%,幻觉占35%,触觉占15%,味觉占1%。这说明,人的视觉和听觉在学习中所起的作用最大。人们在学习时的注意集中率表明,使用视觉媒体的比率为87.1%;使用听觉媒体的比率为54.6%。记忆的比率表明,同样学习一份材料,让学生只听(纯听觉),三小时后能记住60%;只看(纯视觉),三小时后能记住70%;两者并用,三小时后能记住90%。三天后,三种学习方法的记忆率分别为15%、40%和75%。从中可看出,视听并用对于人们的记忆均要大于只看或只听。这表明,视听资料确实优于单一的文字和声音资料。另外视听资料体积小、储量大、声像并存、图文并茂。以上材料足以证明视听服务必将成为当代学习最有效的手段之一。

现代图书馆,衡量其现代化程度和信息服务质量,要看这个馆的计算机、多媒体、网络技术、视听设备的完整程度和规模大小;要看全部馆藏中电子出版物的质量和数量;更要看这个馆工作人员的素质,现代化操作技能、信息意识和信息观察力，以及对现代化信息资源的开发利用程度。视听技术服务作为现代化图书馆不可缺少的重要组成部分，是判断这个图书馆现代化程度的标志。

三、视听服务的科学管理

既然视听服务是现代化图书馆不可缺少的重要组成部分，那么，就应该把视听室建设好，服务工作管理好。图书馆领导对加强视听室的设备建设、视听资料采购、设备日常维护、服务形式方法以及服务人员素质等几方面应引起足够重视，并进行科学管理。

1. 服务人员高素质化

从事视听服务工作人员的思想素质、道德素质和业务素质都要相对较高。首先是具备较好的思想政治素质，要有从事图书馆工作与视听工作的事业心，热爱自己的岗位，这是做好一切工作的精神支柱与必备条件。其次是要加强专业知识学习，掌握声像资料服务管理的特殊要求、使用规则和保护措施；掌握配置设施的管理维护基本方法和调制技术，具备一定的处理维修技术。还要了解学校的课程设置，配合培养复合型人才的需要。要掌握大多数读者的视听需求，有的放矢，及时向采编部门提供馆藏缺乏而又急需的电子资源信息。要加强馆藏建设，同时要把馆藏中最有价值、优秀的视听资料介绍给读者，使读者视听目标明确，真正达到从中获取知识的目的。服务人员要积极探索实践，在视听服务中不断创新、不断提高工作水平。

2. 视听场所设备科学化

对于有条件的图书馆来说，在充分进行市场调研和论证的基础上，在现有的系统中，挑选一套技术先进、符合当今收视和听音的具有发展潜能的自动化系统，以避免听音中语种转换、选择、容量等矛盾的发生，使视听设备运转自如，以便更好地发挥效益。视听资料设备对周围环境要求较高，其工作的场所有其特殊性，既要注意保证正常开展工作，又要保证不会干扰其他部、室的工作，室内应有良好的采光、通风等设施；座位间应有隔段，以使读者使用听音不致互相干扰。还应注意恒温、防潮、防尘等。视听设备要质量高、效果好，注意有多功能和良好的兼容性，方便读者使用和管理维护。录像带、影碟、光盘等规格、制式有多种，配置录放机、电视机设备时应充分考虑到能与这众多的视听资源相匹配。同时，在采购电子文献资源时，也应注意本馆视听设备的功能，以利于视听室工作的正常顺利进行。

3. 视听资料精品化

资料是视听服务有效开展的基础和条件。为此要依靠采编、交换、赠送、现场录制、接收空中信号等途径，广泛收集和积累视听资料。视听资料建设在质量和内容方面十分重要，一定要树立精品意识，禁止购入质量低劣的盗版光碟，对于那些内容不健康，对学生容易起误导作用，质量不过关，对机器起破坏作用的光碟，坚决禁止流入图书馆。对于视听资料的筛选应采取宁缺毋滥的原则，把有限的经费用得科学合理。不仅要杜绝脱离教学实际的盲目采购，更要避免淫秽盗版光盘的进入，这两点尤其值得重视。

4. 资料设备维护日常化

对于视听资料和机器设备要注意保护和日常维护，避免损坏。其中光盘的保护和维护尤为繁杂，应注意做好光盘日常的防尘、防高温、防酸、防划痕、防人为因素造成的损伤，注意空气中温湿度的比率，并定期进行擦拭和清洗光盘等保护工作。对于录放机、显示器等机器设备，也要经常进行防尘等保护和检查维护，做到嘴勤、腿勤、不怕麻烦，及时指导读者正确使用遥控器和转换等功能，避免因使用不当造成的破坏，以便充分发挥视听资料设备的最大利用率和最佳效果。

5. 读者服务有偿化

高校图书馆开展视听资料服务工作时，包括了各种硬件设备的添加、磨损和更换，声像碟片资料剔旧，电力能源消耗，服务管理人员专门技术升级等条件，这些均属"硬型服务"项目之一，如果视听服务作为无偿服务，许多图书馆，尤其中小型图书馆难以承担，也不符合市场经济形势。因而，以为读者创造现代化学习条件、辅助读者学习提高为目的，进行有偿服务，合理收费是合情合理的。

第六节　馆外流通服务

随着21世纪的到来，我国图书馆事业有了长足的发展。考虑到读者日益广泛、多样化的需求，再结合我国实际，建立图书馆馆外流通站，无疑是适应读者新需求的一种可行方式。

一、图书馆馆外流通站的涵义

图书馆馆外流通站是指图书馆采取多种措施将部分藏书送出馆外、建立书刊流通网点、直接在读者身边开展借书活动的一种服务形式，它是图书馆外借服务的一种延伸。馆外流通站使图书馆服务由被动变为主动，体现了"读者第一、服务至上"、"为人找书，为书找人"、"千方百计满足读者一切需求"等现代图书馆读者工作的指导思想。图书馆馆外流通站是适应开放服务的实际措施，顺应了时代的要求。

二、馆外流通站的建立

图书馆馆外流通站是一个面向大众的服务性机构，为读者服务是它存在的根本目的，其服务对象是分布在城市、农村各个角落的读者群体。图书馆可以将馆外流通站设置在工厂、机关、学校、车站、社区及乡、镇、村等人口稠密的地方，也可以与上述这些单位和乡镇实行联合办馆，即以对方出场所、设施，图书馆出藏书的形式建立图书馆馆外流通站。图书馆应首先了解各馆外流通站的读者结构和层次，然后再配置相应的书刊资料，如年轻的读者大多需要一些娱乐性书刊，科技人员大多需要一些专业性强的书刊，而农民则需要一些农业科技资料等。图书馆与各馆外流通站之间可以定期互换书刊，使这些馆外流通站的藏书始终处于吐故纳新的状态，以吸引更多的人成为图书馆的读者，同时可以大大提高书刊资料的周转率和利用率。图书馆馆外流通站的建立，适应了改革开放的大环境，加强了图书馆的宣传力度，增进了社会对图书馆的了解，其所产生的良好效果是其他服务形式难以比拟的。

三、馆外流通的意义

1. 提高了图书馆的社会效益

图书馆员走出馆舍，协助政府和有关部门宣传党的方针政策，普及科学文化知识，同时也满足了读者的阅读需求，最大限度地实现了为人找书、为书找人的目的。在当今的知识经济时代，馆外流通站的工作人员承担了知识的管理者和传播者的角色，变被动服务为主动服务，提高了图书馆的社会效益。

2. 提高了图书馆的经济效益

在知识经济、服务经济的时代，图书馆馆外流通站采取有偿和无偿相结合的服务方式，开辟多种服务项目，可适当地收费，以充实馆外流通站的经费。这样既可以增加图书馆的收入，又为图书流通站的发展壮大奠定了经济基础。

3. 提高了读者到馆率和文献利用率

据文献介绍，在美国的旧金山湾区每个市镇都有社区，其人口大约有23

万。每个社区都有社区图书馆。平均50%的居民领有借书证，居民人均一年去图书馆10次，借书102册。社区图书馆以其较高的利用率成为当地居民文化生活的重要组成部分。由此我们可以受到启示，成立图书馆馆外流通站，会延伸图书馆的服务阵地，扩大图书馆的服务范围，满足读者就近就便的阅读需求。同时，也为提高图书馆文献资源利用率提供了一条途径。

第七章　读者导读

　　1975 年，国际图联在法国里昂举行的图书馆职能科学讨论会，确立了图书馆的四项社会职能：保存文化遗产、传递科技情报、开展社会教育和开发智力资源。前两项体现了图书馆的情报职能，后两项体现了其教育职能。在知识经济浪潮席卷全球的今天，图书馆教育职能的落实成为当务之急。

　　结合自身的特点，图书馆开展导读工作成为其补充应试教育不足，发挥素质教育职能，参与并服务教育的主导途径。导读工作是图书馆读者服务工作的重要组成部分，直接关系到读者服务工作的质量，是图书馆与社会相互沟通文献信息的中介，它能激发读者潜在的求知欲，从而加强馆藏文献资源的开发与利用。导读工作是搞好情报服务的重要举措。在新的形势下，图书馆"重藏轻用"的旧观念正在改变，服务方式正在由"被动"变为"主动"。导读工作是实现这两个"转变"最有效的方法。

　　我国的导读研究始于 20 世纪 80 年代中后期的图书馆事业发展战略研究，主要在导读的意义、内容和方法上进行了深入的研究和实践，并取得了可喜的成效。理论界已将导读从图书馆学、情报学和读者工作中分离出来，形成一门独立的图书馆导读学。读者是图书馆永恒的主人，图书馆的所有工作都是围绕读者需求而运作、进行的，所以探讨图书馆导读工作，对于充分发挥图书馆的功能，提高图书馆利用率具有十分重要的意义。

第一节　导读工作概论

一、导读的概念与性质

1. 导读的涵义

　　图书馆界对导读的概念先后有多种不同的提法和见解，可以从广义和狭义两个方面去进行思索。从广义的角度，导读工作理解为阅读指导和阅读辅导的总和。以下是图书馆界对于导读工作的一些具体概述。

　　如周文骏先生认为，阅读辅导是图书馆一项最活跃、最有生气的活动，它主要运用出版物来达到宣传教育的目的；阅读辅导辅导读者使用图书馆，直接影响图书的使用和周转率……。

沈继武老师则认为，指导阅读的工作是在熟知读者及其阅读需要的基础上，参与读者的阅读活动，积极影响读者选择阅读范围，使他们正确地领会文献内容，帮助他们学会利用文献和图书馆。具体又有：第一指导和帮助读者利用图书馆；第二辅导读者利用图书馆目录；第三辅导读者利用各种工具书；第四指导读者阅读书刊。刘久吕、桑健等认为，除了上述四方面外，还有辅导读者使用文摘、索引等二次文献。

于鸣镝在《导读论》一文中指出，导读包括推荐好书、图示馆藏、接待咨询、板报剪报、复制目次、专题索引、读者报告、读者研究、个别指导、重点辅导、课堂教育、编制推荐书目、表彰优秀图书、成立读者协会等十四项活动。

从这些记述看，导读工作就是指导和辅导读者正确地利用文献和图书馆的全部有关工作。从狭义的角度考虑，导读工作关键在"导"字上。虽可以理解为辅导、指导和引导，但主要的是引导。国外现在有一种说法，叫做"图书馆导向"（Library Guiding），就是指通过图书馆有效的工作，引导图书馆的读者正确读书。

综上而言，导读就是"指导阅读"或"阅读辅导"，是社会倡导的，一切具有教育职能的机构根据自身的条件和自己的服务对象，按照时代发展的要求，采取各种不同的方式吸引读者，并主动影响其阅读行为，培养阅读技巧与方法，帮助读者提高阅读能力和阅读效益的一种教育活动。故又可称之为"导读教育"，是贯穿图书馆的一项重要工作。导读工作的实质，是在了解和研究文献的基础上，主动向读者揭示文献的形式与内容。它是一种有明确目的，且超越于读者阅读要求之前的一项引导、指导性工作；当读者产生了阅读要求，导读工作人员可主动地为读者宣传、选择、提供最新书刊文献。通过导读可以把读者最需要的情报资料及时而准确地展现在他们面前，吸引读者充分利用各文种书刊和现代化服务设施。其目的在于提高读者的修养，增强阅读效益。作为社会阅读系统中一个重要子系统和具有极强教育职能的图书馆，导读是它的基本任务之一。

2. 导读的性质

导读的性质可以从馆员和读者的行为方面来加以概述。

第一，导读是馆员与读者互动的深入。"互动"即馆员与读者之间通过"中介"的相互影响和作用，这里的"中介"是图书、文字、语言、行为等。

这种"互动"按其由浅入深的顺序可以分为三个阶段：①简单互动阶段。这一阶段中馆员与读者主要是借还书关系，双方没有思想上的交流，互不了解。②相互渗透阶段。这一阶段中，馆员通过设置借阅登记系统对读者的借阅行为进行统计分析，研究读者的个体和群体情况及借阅倾向等规律，其"中介"主要是读者登记、图书目录、开架借阅和书目宣传等系统，读者则通过上述系统来了解图书馆的业务行为。这一阶段馆员与读者之间仍然是一种间接的行为交流。③直接交流阶段。随着图书馆功能的逐步完善，馆员与读者之间通过各种咨询活动、报告会、讨论会，甚至通过科研合作等形式进行经常的语言交流。通过这种直接交流，馆员对读者的阅读心理和行为施加干涉和影响。这是一种较深层次的直接和及时的导读活动。

第二，导读是馆员有目标、有计划地参与读者阅读过程的活动。按读者阅读受外界影响程度的不同，阅读可分为自发阅读、启发阅读和指导阅读三种。自发阅读是读者根据工作、科研和生活的需要，无确切目标和意向的阅读行为；启发阅读是读者在自发阅读思想产生以后，在分类目录系统、文摘索引、宣传辅导系统等影响下，缩小范围后选择性的阅读行为；指导阅读是读者在产生了自发的或原始的阅读思想后，通过与馆员的咨询，或通过参加专题讨论会、报告会等，具有较准确的阅读目标和阅读内容的阅读行为。三种阅读活动，只有指导阅读效果最佳。所以，导读应是馆员针对不同读者的具体情况，通过语言交流和参与阅读活动而帮助读者进行阅读的活动或过程。

二、导读的产生原因

导读，是近年来先在一些高校图书馆中出现后来在一些公共馆也相继出现的一种服务方式。图书馆员在流通服务的过程中根据读者的需要给予一定的指导，帮助他们选择正确的阅读范围和书籍。开展导读是图书馆一项十分重要的工作，图书馆作为教育职能部门有责任、有必要对读者进行正确引导，纠正其错误的阅读倾向和不良阅读习惯。

图书馆所收藏的图书资料只有为读者借阅才能体现其价值，才可能转换为推动社会进步的生产力，图书馆与藏书楼的区别也集中体现于读者工作及其相应的教育职能。读者借阅率越高，新图书、新资料、新知识、新信息越能及时地传播给读者，图书馆自身存在的价值就越大。因此，读者工作被公认为是图书馆一切工作的核心，也是图书馆工作的出发点和归宿。信息量的增大、科研活动的深化，以及文献获取与加工手段的现代化，使图书馆主动向用户提供咨询服务成为必要和可能。而导读又是直接面向读者的一项工作。因此，导读成了图书馆服务中的基础。

就社会发展的需要来讲，高科技革命、信息产业的发展等社会发展因素，造成了职业的更替、人才的流动；而人才流动和职业的转换需要人不断学习和培养自身才得以完成，要达到学习与自身培养的目的就得摄取知识，摄取知识要靠阅读，阅读就必须懂得阅读方法和技巧。导读就是以教读者阅读方法和技巧为目的的服务。

另外，"终身教育"思想要求读者具有良好的阅读方法。所谓终身教育就是"人们在一生中所受到的各种培养的总和"。其理想是：对社会来说，建立一个学习化社会，对个人而言，是造就能够在现代社会中应付各种变化并发挥个人独特才能的创造者；终身教育的思想是"活到老、学到老"要求人不断提高自身素质，学会学习，而要学会学习就要先学会阅读。图书馆是读者业余自修的主要场所，因此给读者介绍正确的阅读方法则显得尤为必要：学会阅读既可以节省读者学习的时间，又可以不浪费读者的精力，使读者在阅读过程中取得事半功倍的效果。

在知识爆炸、科学飞速发展的今天，新知识、新信息及其载体——图书、资料、胶片、光盘等，从形式到数量，都在以惊人的速度发展着，信息爆炸取代了早期的信息贫乏。尤其在图书馆浩如烟海的馆藏文献中，由读者自己选取学习、工作、生产或科学研究所需的文献就像大海捞针一般困难。同时，社会读者往往都有自己的本职工作，或学习、或生产、或对某一专题进行深入研究，他们必须把主要精力放在各自工作中去，没有足够的时间去研究图书资料的流通、收藏、管理理论，因此，在借阅图书、查资料时常有一定的盲目性。作为图书馆，如果能够及时对一次文献进行归纳、整理，以最简洁的形式提供最新的研究成果及其领域的发展动态，必将大大节省读者的时间和精力，开拓大多数读者的眼界和引导部分读者的选择研究方向，同时，也提高了自身存在的价值。

三、导读的原则

导读是图书馆读者工作的核心和灵魂。其任务在于提高读者掌握与运用文献的能力，从而提高阅读效益，导读必须遵循如下原则。

1. 科学性原则

导读作为一种对读者的教育活动，必须以当代科学的最新成就为基础，主要体现在三个方面：①在阅读内容上，要宣传和推荐反映当代科学与技术水平的优秀文献，掌握相应学科或特定范围内的主要著作与最新文献，从而使读者以最少的时间和精力获得最系统、最先进的知识。同时，还要帮助读者提高对文献质量的识别能力。②在阅读方法上，要根据各类型读者群的阅读动机、兴趣、目的与相应的心理特点，根据认识过程不断向深向广发展的规律，循序渐进地使读者掌握科学的阅读方法。要使读者通过实践学会科学地运用各种阅读方式，以及知识信息的加工整理方法。③在阅读指导思想上，应以辩证唯物主义和历史唯物主义的观点来指导阅读。

2. 主动性原则

导读的主动性日益突显，已经成为当代图书馆读者工作的一个显著特点。导读的主动性要求馆员主动了解读者的需求，并予以相应的指导。导读并不是一个单纯的传授与灌输的过程，而必须注意启发与引导，对读者的主观愿望也不能无选择地全部满足，而必须根据图书馆的任务和社会进步的客观要求，使不恰当的愿望有所转化。凡此种种都要求导读必须贯彻主动性原则。

3. 针对性原则

由于读者数量庞大，类型结构复杂，千篇一律的导读难以取得切实的效果，因而必须在研究和区分读者的基础上，针对不同读者的特点来进行导读，以加强针对性，克服盲目性。图书馆员要根据所学不同专业以及不同的心理状态，即知识结构和思维规律等特征进行特定内容和方法的导读，这就是针对性原则的要求。

4. 激励性原则

相对于学校课堂教学工作，导读工作不是单纯传授和灌输的过程，主要是引导读者自学，它没有教学大纲，没有教学进度，其特点是非强制性的。因此，要想取得理想的效果，就得坚持正面激励的原则。

四、导读的研究内容

导读是以阅读为前提而产生并存在于人类社会的始终，其涉及导读者、文献、读者。导读者是导读活动的主体，读者是客体，文献是载体，导读活动取决于主体的精神。导读是以读者研究为基础的，即以读者的阅读心理、阅读规律、阅读动机、阅读倾向、个体阅读差异、读者社会背景对需求的影响等为研究对象，以目录学、版本学、校勘学等知识为前提，以熟悉文献、研究文献为条件的。其具体内容包括：①导读的作用和意义；②导读史；③导读活动过程；④导读的形式；⑤导读的技巧和方法；⑥导读效果的研究和评价；⑦导读者的素质和能力；⑧导读研究的相关学科及其应用。总之，通过对导读行为的研究，可使导读工作不断发展，逐步形成自己的理论和方法。

五、导读工作的目的和任务

导读工作的目的是发挥教育职能,拓宽读者知识面,培养兴趣、爱好和特长。具体来说,导读工作的任务主要有如下几个方面。

1. 解决怎样找书的问题

图书馆的藏书不但数量庞大、类型多样,而且内容十分广泛,对许多读者来说,图书馆是一座迷宫,其馆藏资源及特点如何、藏书布局如何、藏书如何分类、图书如何排架、目录如何利用、工具书怎样利用、信息如何获取、借阅书刊有何规则等,都是读者必须了解掌握的基本知识。如果读者缺乏这方面的知识,则很难找到所需的资料,就会满怀希望而来,失望而归。因此,解决怎样找书的问题,也是导读工作重要的一环。通过导读,使读者在获取知识的过程中摆脱"书海捞针"的困扰,为读者获取所需文献提供捷径,减少读者为收集查找资料耗费的时间和精力。图书馆工作人员借助自己的图书馆专业知识和经验,对读者进行积极的指导,就能使读者从浩繁的书刊资料中有效获取所需资料线索,达到"广、快、准、精"地选取有价值、最适合自己的读物,以便更好地从事学习和研究。

2. 解决读什么书的问题

在图书馆工作中,我们经常碰到读者要我们介绍或推荐好书的问题。很多读者对书籍管理制度的演变及我国传统的分类学、目录学、版本学等读书治学的基础知识缺乏了解。从读者反映的情况来看,许多读者选书时随意性、盲目性很大,读书效果很差。为了指导读者选择图书,我们应该投入大量的时间和精力,与学校各专业教师或专家学者通力合作,编制各学科专业的《导读书目》、《现代人才必读》或《人生必读》之类的推荐书目,把读者的素质教育从课堂教学延伸到课外实践中去,引导读者读好书,读有益的书,从而实现导读工作以优秀图书教育读者的目的。知识只有在一定的结构中才能转换成能力,过去那种直线式、平面性的知识结构已与现代化人才的培养需要极不相适应。立体型结构的知识才是当代人应具备的合理知识结构,即不仅要有本学科的专业知识,还要有相关学科的知识以及其他一般学科的知识等。因此,导读工作中要引导读者博览群书、扩大视野,使其具有多方面的能力。

3. 解决怎样读书,怎样用书的问题

读者获取知识能力的强弱,直接影响着自学的水平及独立研究的效果。很多读者读书漫无目的,没有长远打算,读书时粗枝大叶,囫囵吞枣,不求甚解；或迷信书本，生搬硬套，不能活学活用书本知识。因此，我们既要用正确的读书方法帮助读者，又要培养他们学以致用的创新能力，即不仅要授读者以鱼，更要授之以渔，培养他们自主学习、独立思考研究的能力。图书馆应有目的、有计划地对读者开展文献知识的教育，指导学生学会并掌握检索文献的方法和技能，提高查阅文献知识的能力；使读者学会在文献知识的宝库中更快、更好地获取所需，为今后有效地获取和更新知识打下基础。

4. 要引导读者护书爱书

书籍是人类知识的载体，根据这几年的反映看，一部分读者不爱惜书，馆藏刊物的污损、撕毁、偷窃现象屡禁不止。对此，我们的导读工作应积极引导读者自觉养成知书、懂书、护书、爱书的良好习惯和品质。

六、图书馆开展导读工作的意义

图书馆需要开展导读工作吗？我们的回答是肯定的。

从大的方面讲，图书馆要真正发挥自己的职能，使有价值的文献资源得以充分利用，不引导读者去正确而有效的阅读是不可能实现的；图书馆要成为未来社会知识产品的分配中心，不开展导读工作也是不可能的。从图书馆内部工作来看，导读工作是图书馆读者工作中最积极、最富创造力，而且是前景最广阔的一项工作；导读工作与情报服务工作像并驾齐驱的两辆马车，合力将图书馆读者工作拉向一个更高的层次；图书馆要开展主动服务，除了协助和辅之外，我们更应重视导读工作，这反映了一个馆人员的素质和业务水平。

时代发展到今天，人们对新知识、新信息的需求越来越多，任何一个人都不可能单纯从课本上学到自己一生所需的全部知识，信息时代要求每个人不仅仅满足于学校的学习，而是要求每个人都应不断地更新知识，即接受终身教育。因此，获取信息的能力，尤其是自我学习的能力，是跨世纪人才应当具备的基本能力。引导和培养读者的自学能力历来是图书馆义不容辞的责任。图书馆不仅是要把书刊提供给读者阅读，更重要的是要把如何利用图书馆的金钥匙交给读者，使读者学会有目的地检索、搜集、分析文献信息的方法。具体来说，图书馆开展导读工作的意义可归纳为如下几个方面。

首先，导读工作是图书馆有特色的深层次服务。未来图书馆强调文献的传递，而不是贮存，人们将根据图书馆所提供的服务而不是其所拥有的财产来评价它们。因此，注重读者、注重服务、追求服务效益将是做好导读工作的目标，也是图书馆在21世纪的立身之本和竞争之道。

处在网络环境和知识经济时代，用户的生活和工作节奏都很快，时间非常宝贵。读者进入图书馆的任何一个部门都希望能快、准、全地查找到所需信息。如果每个图书馆都拥有一批业务水平高、经验丰富的导读馆员，他们对馆藏文献了如指掌，掌握网上信息的搜索技术，能对读者阅读进行及时、必要的指导，并且能为读者提供他们所关心问题的进展情况，就会帮助读者在借阅活动中少走弯路。这样，就会形成其他机构如网吧、书店等场所都无法具备的优势。因此，导读工作是图书馆有特色的深层次服务。

其次，从图书馆教育职能的特点出发，我们认为坚持以"书"育人，发挥馆员主动性，有目的、有计划、有步骤深入而系统地开展导读工作，是图书馆补充应试教育的不足、发挥素质教育职能、参与并服务教育的主导途径。可以说，开展导读工作是图书馆由被动服务向主动服务转变的标志，是图书馆读者工作的重要内容。导读工作的好与坏已经成为衡量图书馆办馆水平的重要标尺。图书馆教育职能的特点决定了图书馆导读工作必须根据自身的优势，紧紧围绕丰富的馆藏信息资源做文章。这一点，既有别于耳提面命的课堂教学，也有别于党政部门紧跟形势所进行的政治理论宣传教育。

历史上导读与私塾教育思想及学校教育观念相联系，并随时代的政治思想环境而变化发展。如今，我们已经进入了文献信息数字化、传输网络化和经济全球化的知识经济时代。素质教育、继续教育和终身教育等思想的提出，尤其是社会信息化与网络化的发展，加上受教育的对象从学校学生扩展到社会的全体成员，导读与教育学、目录学、社会学、读者学、文献学等连成一体，共同担负社会教育职能，联系全社会的精神文化生活。

衡量一个图书馆工作水平的基本标志是其服务质量的高低，归根到底是图书馆投入与产出效率的高低。导读工作是根据社会发展的要求，采取各种有力措施主动吸引和诱导读者产生阅读行为，并积极地干预和影响其阅读行为，从而提高读者的阅读意识、阅读能力和阅读效益，一种教育活动。导读工作是图书馆履行其职能、提高其服务质量的有效手段。

读者是图书馆永恒的主人，图书馆的所有工作都是围绕读者需求而运作、进行的，所以探讨图书馆导读工作，对于充分发挥图书馆的功能、提高图书馆利用率都具有十分重要的意义。

第二节　导读工作方法

图书馆系统地搜集、科学地整理和保存各种文献资料，其最终目的是为了让读者利用，使图书发挥其社会效益。而读者要很好地利用这些图书，在很大程度上要依靠图书馆工作人员的导读工作。导读作为指导或引导读者正确利用文献资料的一种行为，其目的是提高馆藏利用率，真正做到"为人找书、为书找人"，在读者与书刊文献中发挥纽带与桥梁的作用。导读工作开展得如何，将直接影响着读者利用图书馆，并制约着图书馆整体效益的发挥。

导读工作可采用多种形式、多种内容，以期达到宣传优秀书刊，激发广大读者的阅读兴趣，提高图书馆文献的社会效益或经济效益。

导读的方式很多，它不仅有语言性导读、文字性导读、实物性导读，而且还包括声像性导读和综合性导读等。其种类主要可归纳为书目参考咨询服务、各种形式的借阅指导、图书宣传工作、指导检索目录等。对不同的读者对象应采取不同的导读方式。

一、辅导读者合理利用图书馆

导读工作是通过引导读者合理、科学、正确地利用图书馆及图书情报，来达到预期的社会教育目的。第一次进图书馆的读者没有接触过浩瀚的藏书，不了解图书馆在教学科研方面的地位、作用，这时图书馆工作人员可向新来读者介绍图书馆的性质、职能、任务和发展概况，讲解图书馆藏书结构及使用方法；介绍本馆的服务设施及分布、服务手段、借阅规则、目录体系及检索方法等，使读者初步树立起图书情报意识，吸引他们步入图书馆，受益于图书馆。介绍方法可采用集体讲座形式，或把学生请进来边参观、边现场讲解，或者印发"图书馆读者指南"，或者放录音、录像等。

二、传授阅读方法，提高阅读能力

很多读者读书缺乏明确的目的，读书方法不当，效率不高，或者死读书，读死书。因此，我们既要帮助读者使用正确的读书方法，又要培养他们学以致用的创新能力，培养他们自主学习、独立思考研究的能力。

导读工作是一种教育性质的工作，这种性质决定了图书馆要利用自己的资源优势，开展读者教育。古人曰：授人以鱼，只供一饭之需；教人以渔，则能终身受益。导读工作就是教人以"渔"，从而使读者在书的海洋中能自由地畅游。

传授阅读方法，提高阅读能力，开发读者潜能是图书馆导读工作中借阅指导的重要内容，也是终身教育的必备条件。首先是阅读观念的教育。阅读观念是指读者对阅读的看法、态度，它影响着一个人的阅读数量和阅读质量，是阅读活动的动力。因此，在导读工作中，首先就要教育读者树立正确的阅读观，端正阅读态度。把阅读观当做人生观的一部分来对待，倡导终生阅读、系统阅读、联系实际的阅读。其次要传授阅读方法，提高阅读能力。基本的阅读方法主要有略读、概读、导读、精读等。阅读能力主要有记忆能力、理解能力、评价能力、快读能力、文献检索能力等。这些方法和能力的培养应该贯彻到导读工作的每个环节之中，同时要通过各种方式，组织一些活动和竞赛引起读者的重视，让读者认识到这是在21世纪自我发展和自我完善的必备素质。最后，还要开发读者的阅读潜能，激发读者的阅读兴趣，培养他们的良好阅读习惯，克服一些读者多变、不稳定的阅读兴趣，强化阅读意识，把读者潜在的阅读需求激发出来。

三、各种形式的借阅指导

阅读指导的内容：①有目的地向读者推荐适用的、优秀的书籍；②开展读者培训工作，使读者掌握不同文献的特点以及查阅文献的方法和途径；③对青少年读者还要引导他们有系统地阅读书刊，不断提高阅读能力和效率。总之，导读工作要以提高读者查阅和利用文献的能力以及他们的阅读修养及阅读效果为主要目标。

了解阅读需求：要搞好导读工作，必须要了解读者的阅读需求，做到心中有数。将此项工作建立在读者阅读需求的基础之上，这就要求图书馆把调查读者的阅读倾向当做一项经常性的工作来抓。比如高校图书馆，至少每学期应搞一次这样的调查，以便在此基础上制定可行的导读工作计划，使这项工作开展得确有成效。在开展导读工作中，虽然有图书馆"干预"和"扭转"读者阅读兴趣的一面，但同时也存在"顺应"读者阅读潮流的一面，这两个方面的工作都很重要。不可能只强调一方面。

指导阅读目的：作家老舍说过："一个拥书多而不教育人民怎样用书的图书馆，还不见得就是好图书馆"。教育读者树立正确的阅读目的及指导他们"怎样用书"，是导读工作的重要内容。读者走进书刊辅助书库后，可以进行广泛的阅读和涉猎，起到消化、充实、扩展课堂学习内容的作用，还能扩大视野，增加信息量；尤其是第一次进图书馆的读者，什么书都想看，或者面对书海，不知要看什么书，而对自己真正想看的书缺乏针对性，图书馆有责任帮助他们克服借阅中的盲目性和随意性，作好借阅的向导。

激发阅读兴趣：导读是对读者进行读者教育的基本方法之一。教育效果如何取决于激发读者阅读兴趣的效果，取决于图书馆文献资源开发利用的深度和广度，图书馆既要提高现有读者群的借阅兴趣和求知欲望，还要激发潜在读者群的阅读兴趣。图书馆要千方百计地创造条件，向潜在读者提供合适书刊；通过建设良好的读书风气，启迪潜在读者的借阅兴趣；研究、了解潜在读者在知识积累中的空白，有的放矢地为他们提供所需导读书目和书刊文献；在提供专业知识书刊的同时，还要提供有开拓意识和竞争意识的图书文献，把他们吸引到图书的海洋里来。

四、指导读者利用检索目录及工具书

1. 指导读者正确使用检索目录

在德国柏林图书馆的大门上，刻着这样一句话："这里是人类知识的宝库，如果你掌握它的钥匙的话，那么，全部知识都是你的。"钥匙在哪里呢？就在图书馆的目录体系中。这些目录体系，对图书馆的工作人员来说是比较熟悉和易于理解的，但对于读者来说，无论是新读者，还是老读者，都很陌生，在使用过程中难免会遇到各种困难和解决不了的问题，难以准确快速地检索到自己所需的图书资料。因此，作为图书馆的工作人员，就应该发挥自己的专长，去指导读者，帮助他们解决检索中的问题，提高他们的检索效率。

但应该如何帮助他们呢？

（1）指导读者全面正确地了解目录体系

所谓检索目录，就是揭示图书馆藏书、帮助读者挑选和查找资料的工作。目录一般分为书名目录、著者目录、分类目录、主题目录四种。

书名目录：是依据图书的书名排列组织而成的。当你需要某本已知书名的图书时，就可以照此目录检索。它的排检方法有笔画和笔形法、四角号码法和汉字拼音音序法三种形式。以汉语拼音音序法为例，比如你要借阅巴金的《雾雨电》时，书名的第一字是"雾"，查字母音"w"便可查到所需图书。

著者目录：是按著者的名字组织起来的排列顺序，排检方法同书名目录。比如，要查找鲁迅的或托尔斯泰的著作，可先查作者的姓，再找到名，便可找到你所需要作者的有关方面的论著了。

分类目录：是按照科学分类的体系，依据图书的内容，分门别类排列组织而成排列顺序的。比如你要借有机化学方面的书，就可以通过分类目录先在自然科学部类找到化学这一类目，然后便能很快查出有机化学方面的书籍。在查找过程中，往往还会发现与之内容相同或相关的许多书，扩大了眼界，获得更多的有用书籍。

主题目录：是采用规范化的词或词组来分编组织的一种目录，是供专题研究的、特指性的检索工具，多为专业人员查找文献资料所用。

（2）指导读者如何正确地查找目录

在读者查找目录时，会随时随地进行咨询，图书馆工作人员应及时为读

者解答有关问题。给读者示范查找文献时应介绍目录检索方法，帮助读者学会利用图书馆的目录，使他们更好更快地检索到他们所要借阅的图书。

2. 指导读者正确利用工具书

所谓工具书，就是把各类或某一门类的知识资料按一定的编排方法汇集在一起供人们查检用的书籍。它是前人科学知识的荟萃结晶，主要是帮助我们解答疑问，找到所需专业的阅读内容和线索，提供研究资料和研究成果。读者在读书或写作过程中往往需要查找一些资料，尤其是社会科学读者，工具书更显得必不可少。随着科学技术知识的不断发展，工具书的内容和种类也在不断地丰富和增多，但有的读者对工具书不甚了解，不能顺利应用工具书来解决学习中的种种疑难问题。作为图书管理人员则必须指导读者正确利用工具书，只有正确使用，才能发挥工具书更大的社会效益。总之，图书馆馆员要引导读者熟悉工具书的种类，了解工具书的查阅方法，帮助他们解决在查阅工具书时所遇到的困难。

五、书目参考咨询服务

1. 书目与提要

书目是对图书和其他单独成册出版的文献特征的记载和描述。导读书目包括推荐书目、专题书目、必读书目、科学通报书目、馆藏书目和评选书目等。导读书目是经过选择图书、择别故书、叙录提要、品评得失等，对古今学术文化进行系统的整理与阐释，尤其是对经过时间检验的经典性著作的推荐，节省了读者的宝贵时间，充分发挥了引导阅读的作用。

导读的实质，就是对文献内容的揭示。它是茫茫书海中的一把金钥匙，能够让读者更迅捷、更有效地吸纳所需信息。从导读书目的角度来看，首先要依类划分，有针对性地编制综合书目、专题书目、个人著述书目和书目指南；其次编好重中之重的专题书目，使它具有明显的选择性、权威性、引导性、评介性；就导读方式而言，必须正确处理好揭示文献外形特征与内容之间的关系，应该以揭示内容为主。所谓"辨章学术，考竟源流"正是我国目录学的精华和优良传统。同时，要处理好揭示文献内容广度和深度的关系，还应该有效地揭示文献的变化情况及其社会影响。

提要最初被称为叙录或解题，是我国目录学的优良传统之一。它的主要任务是向读者提示图书的中心思想、内容梗概、作者生平事迹、文献的社会价值等，能帮助读者鉴别和选择文献。提要可以是推荐性提要：揭示图书内容，向特定的读者推荐，带有评介性；也可是叙述性提要：揭示图书主题、思想和主要特点。推荐提要是较好的导读方式。

2. 著录与注释

著录把每一种文献的基本特征，如书名、著者、出版社、出版年、版本和附记等，按一定的著录规则，通过著录事项来进行揭示和报道。文献的著录通常以卡片目录和机读目录的形式出现，是最基本的导读方式之一。

注释是基本著录的补充，是对文献内容、语汇、引文出处等所作的说明，也是揭示文献最灵活的方式之一。其特点是"理疑晦者则释之，无疑晦者则以类举"。

3. 文摘与索引

文摘是把各种文献以简明扼要的文字摘述其主要内容做成的一种摘要。它一般是按学科或专门研究课题将有关的最重要和最新出版的论著，以简要的文字叙述其主要内容，然后以文摘杂志的形式出现。文摘分指示性文摘和报道性文摘。它由于浓缩了文献的主要内容，对于迅速查找与研究课题密切相关并有参考价值的文献，能以最快的速度直到最佳的效果，节省读者的时间和精力。

索引是将书籍、期刊等文献所刊载的题目、作者，所讨论的或涉及的学科主题、名词、术语，所引用的参考文献等，根据一定的需要，经过分析分别摘录出来，注明其所在书刊的页码，并按一定的原则和方法排列起来的一种检索工具。索引主要分为篇名索引和内容索引。借助索引，读者可以找到各种文献资料的出处，是一种较为常用而有效的导读方式之一。

4. 书评与指南

书评是从思想观点、科学价值、现实意义等方面对图书进行分析、评论和介绍，是深层次的文献揭示方式。它分专书评价和专题图书述评两种。书评可以点评优劣、交流思路、推荐好书并指导阅读。这种方式能激发读者的阅读兴趣，并为读者所接受。它是从思想、科学价值、实际意义等方面对图书进行的分析、评论和介绍。是在更为深刻的程度上揭示图书的基本方法之一。

指南是一种导向材料，其基本内容符合图书馆导向目标的要求，但应该把读者放在首位。图书馆为读者提供适时的指南，如专门科目文献的指南或当前公众关注的课题文献的指南等。

5. 图息标识系统与咨询服务台

图息标识系统是为使用图书馆提供导向的最基本的途径之一，包括路标、馆内导标、特殊标识等。图息和各式标识须简单明了，适用于不同类型的读者，帮助读者找到方向，尽快利用某种已给出的工具或某一类型的文献资源。

读者进入图书馆，可以向咨询服务台的工作人员提出各种问题，工作人员针对读者的个别借阅问题和需求加以耐心解答指导。咨询服务台的个别指导不仅能为读者借阅提供目录查找上的急救帮助，而且可以在阅读的深度和广度上进行细致的指导服务。咨询服务可帮助读者释疑解难，扫除读者在借阅书刊中的障碍，是导读的重要内容。在高校，咨询工作的基本方式是遵照国家教委规定由图书馆开设的"文献检索与利用"课。开设本课可培养学生的情报意识，使学生掌握检索和利用工具书查找资料的能力，从而极大地提高学生的阅读效率。其他类型的图书馆可效仿高校，开展类似的培训。图书馆咨询服务有多种形式，有预约咨询，定题、专题、选题咨询，阅读指导咨询等，解答读者提出的各种问题，有选择地为其提供文献，也可以给读者指明思路，让读者自己会找寻，从而提高其独立思考的能力，提高其对检索工具的认识水平。

6. 导读报刊资料

专门为宣传图书，报荐好书和指导阅读而编辑出版的导读性报纸、期刊、简报、手册，是图书馆导读工作中采取的重要方式。例如大众性的报刊，像《读书》、《博览群书》、《中华读书报》、《书屋》等都起着很好的导读作用。

关于专业参考书的导读，图书馆可定期与研究所、高校等科研单位进行联系，获得最新的专业参考书单。各专业阅览室按照参考书单，结合书库实际情况，增补阅览室教学参考书刊，以保证读者的基本需求。学生在大学学习期间，应该系统、全面地掌握本学科教学参考书单，并认真阅读。图书馆可编制"专业参考书目录"、编制"各学科核心报刊推荐目录"以及"高校毕业生撰写论文参考书目"等，供学生参考借阅。目录形式可采用书本式或卡片式，起到导读书目作用。还可以有选择地编制必读专业参考书的文摘、题录、索引等二次文献，使读者在较短的时间内，系统地了解大量专业参考书的缩影，为读者提供浓缩的专业用书综述，以方便读者检索和利用。

实际工作中，我们应针对不同的读者群，采取编制书面资料和举办阅读辅导报告双管齐下的办法，充分借助现代技术手段，有效地提高文献利用效能。尤显重要的是，图书馆与读者之间更需要一些互动式交流，在思辨和切磋之中，实现导读的引导功能。唯其如此，不仅读者的信息获取能力和文献利用率会大大提高，而且图书馆员也才能真正起到知识导航的作用。

六、其他形式的导读方法

导读，本是为解决读者的借阅选择比较困难而产生的一个办法。实践证明，导读的作用、好处很多。为指导读者而组织的一些活动，不仅能增加读者的知识面，也可以从另外一个角度拓宽他们的视野，使他们有较强的认识能力和分析能力，导读已经成了图书馆流通工作不可缺少的部分。为了使导读工作更加完善，还需要从如下几个方面进行补充。

1. 高校图书馆邀请部分教师做图书馆导读顾问

如前所述，图书馆面对读者量大面广，加之科学技术飞速发展，新知识日新月异，仅靠图书馆有限工作人员的努力很难做好导读工作。高校图书馆在解决这个问题上有其独特优势，就是高校有很多优秀的教师，尤其是德高望重的学术权威。各门学科的带头人对自己从事的专业领域有较为全面的了解、深刻的见解，同时也有丰富的文献利用的经验。如果请他们作为导读的顾问，定期或不定期为导读栏目撰写文章，介绍相应的发展动向，进行形势分析，分析潜在热点，以此来引导阅读趋向，或对导读工作提出宝贵意见，建议新的导读方式等，必然会大大提高导读水平。

2. 向读者提供同类书籍

我们查找书籍，如果单纯依据索书条，则往往造成拒借，因为书的复本量实在太少。但是，如果我们为他们提供一些相似、相近的同类书籍供他们选择，则可适当缓解这一矛盾。譬如公共关系学，图书馆收藏有很多种，它们的分类号是一样的，内容也大致接近。其中的一种可能已被借完，但还有另外几种可供选择。如果读者并不是指定非要某一种版本的书，推荐另外相似、相近的书籍给读者，那么大多数读者的需要也是可以满足的。

另一种情况是，在某些供不应求的时候，有的书在架上长期闲置，其中有些还有相当学术价值。笔者认为，读者由于检索知识有限，多使用书名、著者目录，很少使用分类目录，容易造成误解，如把社会学中的统计学与经济类的统计学相混同。交叉学科的不断涌现，也使目录较难体现这些变化。目录不能完全反映文献内容的现象，是一种客观事实。体现在流通中，就是读者所选书与所需书有一定出入。我们必须弄清读者意图，才能向他提供真正需要的书，也使一些不为读者了解的书发挥作用，做到"为人找书，为书找人"，物尽其用。

3. 做好高次文献的整理、编撰工作

一次文献虽详细记载了著作者的观点、论据、事实、方法、过程和结论等，具有直接的参考、借鉴和使用价值，但往往过于分散，内容单一。如期刊论文、会议论文、专利文献等随机分存于各期之间。从众多的刊物文集中去检索有关文献是一项相当繁琐而效率很低的工作。即使检索到部分文献也往往是见树不见林。尤其是对于阅历不深的学生，很难通过支离散碎的文献资料来看清该专题的理论体系、发展过程。因此，就需要将分散的、无组织的一次文献进行归纳、整理、编制成有系统的、便于读者全面查找有关科技文献的索引。或进行压缩提炼，撰写成综合性较强的动态综述、专题评述、进展报告等，以帮助读者从更高层次上分析文献的作用与价值。这就是二次或三次文献，这里简称高次文献。高次文献的编模整理具有一定的难度，需要较全面的专业知识。各校图书馆应在调查研究的基础上，确定当前重点，结合教学科研的需要，请有关专业人员协助整理，定期印发各类专业新书目、专业论文索引、学术动态介绍，以引导读者更好地利用图书馆。

4. 创办参考书目，举办专栏

高校图书馆的读者，尤其是学生读者群，其阅读规律具有明显的阶段性。如新学期伊始，多数学生借阅与本学期课程有关的参考书；而在放假前夕，则借一些课外书籍。毕业设计的学生则以课题为中心、借阅的文献范围较广，包括图书、手册、期刊以及产品样本、会议文集等。为了做到有的放矢地为读者服务，导读工作必须深入到读者中去，了解读者的需求。同时，应与授课和指导教师取得联系，请他们提出各自课程的参考书目，图书馆再根据馆藏的具体情况，确定各专业的推荐参考书，并以专栏形式公布于众。同时，与采编部门取得联系，争取及时增补需求面大的图书资料。学生课外书籍的阅读具有较大的可导性，他们一般无既定的阅读目标，易随形势与宣传的影响而变。出国潮、下海潮、股市潮，真可谓潮起潮落。而图书馆是学生了解社会潮流的重要窗口，图书馆及时推出的社会透视、形势综述，并配之以有关专著介绍等专栏，会对学生的阅读倾向有较大的影响，对于学生正视社会、树立正确的人生观也会起到积极的引导作用。

5. 建立重点科研课题档案，做好跟踪服务

针对高校图书馆具有的特殊性，即兼有教学和科研服务的双重任务。为了做好读者的服务工作，图书馆可主动与科研处、系、部，甚至教研室取得联系，了解他们研究方向或即将开展课题的情况，分析他们对图书资料的需求情况。然后对重点课题建立专门档案，编制专题目录索引，以帮助他们迅速、准确、全面地检索所需的资料。同时，可将所了解到的课题急需而无馆藏的图书资料，反映给采编部门以便及时增补。

总之，导读工作的开展，需要有图书馆运行机制的保证，也需要有关人员积极的工作热情和为读者奉献的思想境界。

第三节 导读工作发展趋势

一、导读工作的现状

以提高读者阅读意识、端正读者阅读目的、辅导读者阅读内容和培养读者治学方法等为内容的导读工作，是图书馆发挥其教育职能作用的重要内容之一。因此，我国各类、各级图书馆都十分重视读者导读工作的开展。与此同时，许多学者、同行也就导读的意义、内容和方法进行了深入的研究与实践，并取得了可喜的成效。由此看来，图书馆开展导读工作的历史作用已得到充分肯定。

然而如何更有效地开展导读工作，却是一个值得探讨的问题。因为它涉及的内容十分广泛，并要求信息的及时性、超前性和准确性。

据不完全统计，我国有近 300 家图书馆已经建立了网站。笔者通过对一些图书馆网站的访问发现，图书馆网站的导读工作却很薄弱。相比较而言，高校图书馆对网站比较重视，北京大学图书馆的导读工作较为出色。该网站主页的导读栏目，有以交流读书心得为主的"新书导读"、以充分利用馆藏报纸为宗旨的"热点话题"、以方便各学科读者查询相关学科领域网络学术资源为目的的"Internet 学术资源学科分类导航"等。"一小时讲座"栏目目前已有电子资源的内容及使用、常见应用软件使用技巧、机读目录检索、工具书使用、馆藏分布与图书借阅、专场讲座、新生入馆教育等七大板块。尽管如此，该主页的导读尚有诸多遗憾。比如，相关知识的关联性不够强、导读资源以传统馆藏为限等。

二、导读中的问题

1. 图书馆导读工作深度不够

目前，图书馆的导读工作，停留在较低水平上，如定期出新书目录，对新书进行评介、推荐，设立读者工作咨询服务部等，但忽视了一项最重要的工作，即阅读方法的指导。读者来图书馆不一定全是为某个科研项目查寻资料，更主要的是求知，高校图书馆、中小学图书馆及专业图书馆的读者更趋向于此，而求知必须有一定的求知方法。因此，加强阅读方法的指导和研究便成了图书馆导读工作的重中之重。

2. 网络环境下的导读工作能力亟待加强

21世纪是信息技术时代，知识与信息的生产、储存、传播和使用都发生了很大变化。这既给图书馆带来了乘势发展的机遇，同时也带来了新的挑战。导读工作的内容也发生了巨大的变化。众多的媒体为导读工作提供了丰富的信息资源，其中绝大部分信息内容具有科学价值，但也不乏拜金主义、低级趣味、暴力甚至色情内容，正因为因此，导读工作才显得尤其重要。

仅仅以指导读者应该读什么书和不应该读什么书，以及如何读好书为内容的导读工作，从本质上说是传统意义的图书馆导读模式。如何适应新形势，在网络环境下做好导读工作，是我们目前亟待加强的工作。做好这项工作的前提是要求我们导读工作者具有敏锐的政治洞察力，同时具备网络知识和计算机应用操作能力。这样才能在良莠不齐的信息资源中筛选精华，剔除糟粕，紧密结合本馆读者的实际情况，突出知识性和科学前沿性，精心制作网页，或编制网络导航目录，满足读者的要求。目前各个图书馆的导读工作者虽然熟谙传统的印刷文献导读技能，但不少人对网络环境下的导读工作方法和技巧却知之甚少，给导读工作的开展带来了极大的困难。

3. 图书馆导读工作人员的业务能力有待加强

随着导读工作的兴起，各类、各级图书馆都十分重视读者导读工作的开展，并成立了专门的导读工作队伍，但服务内容往往只能解决一般性的问题，如告知读者到某大类去寻找所需要的书籍与期刊，而不能有的放矢地为读者指点迷津。读者面对丰富的馆藏，也只能是望书兴叹，大海捞针。导读是引导与阅读的科学结合，是以文献信息资源为中心，引导读者与读物之间相互交流的活动。深入持久地开展导读工作，关键在于图书馆工作人员素质的提高，如下从两个方面加以说明。

（1）思想素质的提高

导读工作者必须在思想上认识到加强导读工作的重要意义，树立起"为人找书，为书找人"、"读者第一，服务第一"的思想观念与工作态度，转变"重藏轻用"的传统思想，在工作中积极主动地观察和研究读者的需求，尤其是新开专业读者的需求，逐步探索、分析高校读者的阅读规律，及时把握各学科的发展动态，了解学校承担国家等重大课题的情况，充分利用馆藏，主动为教学、科研服务。

（2）文化、业务素质的提高

随着网络技术、多媒体技术、通信技术的迅猛发展，以及各高校馆实行计算机网络化管理，图书馆员在掌握图书情报学专业技术理论知识和技术的同时必须是某一学科的专业人才，对某一学科具有一定的学术研究水平，虽不要求他对这一学科进行深入研究，但是必须对这一学科的研究前沿有所认识，这样才能做专业的导读员。

4. 对外缺乏主动性、直接性

长期以来图书馆确实有一种"惰性"，主动为广大读者提供服务的意识不强，读者不了解图书馆，图书馆对自身的宣传力度不够，已往图书馆为改变现状而开展的导读工作，诸如推荐书目、图书介绍、书评文章等仅在馆内以板报或橱窗的形式展示，难以形成强大的声势，不足以引起读者的重视。如果能激发读者广泛参与的热情和主动性，进行推荐书刊、揭示馆藏、书目导读、书评竞赛等，导读活动就容易顺利进行下去。

以书面形式为主的导读活动，缺少互动性，读者的实际问题不能得到及时解决，久而久之势必影响读者利用图书馆的积极性。阅读辅导是对读者的阅读目的、内容、方法等方面给予直接的指导和帮助。然而已经开展的导读工作，缺少与读者面对面的直接交流，不了解读者的阅读目的、内容、方法和效果，从而导致不能为读者直接解决阅读当中存在的问题，只有采用有读者参与并能看到读者反应的交流形式等，才能体现导读工作的优势。

5. 对内缺乏协调性、积极性

导读工作在图书馆内部的重视程度不够，缺少一个统一、协调的权威组织。一方面，在具体操作中，缺乏系统的规划与组织，部门之间各行其职，少有协作；另一方面，导读缺乏积极性，一是工作人员素质问题——图书馆的整体素质还不是很高。"安置家属"现象十分普遍，员工的知识结构存在着差异，有一部分馆员没有导读意识，满足于借还行为，不能胜任导读工作，无法满足读者多层次、高水平的导读需求。二是图书馆领导层对导读工作的重视问题——领导不重视，势必影响馆员开展导读工作。

无论过去还是现在，图书馆的作用还如谢拉（J. H. shera）博士在《图书馆学教育基础》（The Foundation of Education for Librarianship）一书中明确指出的："是向读者提供用笔书写的文献及其隐含在其中的信息"。以此为对照，导读工作的开展，正在图书馆的职责任务之内，重要的是我们应尽快构筑与之相匹配的人才高地，以履行自身职能。

三、现代技术对导读工作的影响

导读是一种以传播文献信息知识为手段，以育人为目的的读者教育活动，导读是为了保证文献信息的充分和有效交流，帮助读者提高阅读技巧和阅读效益。回顾历史，关注现实与未来，图书馆将面临着一种全新的信息环境，伴随着20世纪90年代开始的文献信息数字化和信息传输网络化进程，各种载体的文献信息大量增加，各种信息技术得到广泛的应用。图书馆事业不可阻挡的数字化进程对导读工作的影响是巨大而深刻的，其明显的变化是：文献信息的大量增加和信息载体的多样化，必将打破以纸张印刷品为主要收藏对象的传统图书馆的格局；各种信息技术，包括计算机、数据库、多媒体、网络等技术的普及与应用，必将动摇作为文献资源中心的图书馆的地位。图书馆的读者需求不再是以拥有数百万藏书并以手工操作为主要运作手段的传统图书馆服务模式能够满足，而是以共享程度更高、能快速地控制和传输信息、有效地组合各种有用信息的服务模式为选择标准。

这些变化使图书馆导读工作必然要选择共享程度高、能迅速地传输和控制信息、有效地组合各种有用信息的模式。与之相适应的导读手段、导读方式、导读主体、导读成果等也发生了相应的变化。

1. 网络信息资源导读成为重要领域

随着现代信息技术的发展和应用、图书馆藏书中电子出版物数量的不断增长、因特网上的信息资源的开发和利用，需要把导读工作引向指导读者了解数字图书馆、电子出版物和因特网等网络组织，指导读者熟悉和掌握网络信息资源检索工具。例如，利用搜索引擎获取网上信息，选用远程登录功能进行国际联机检索，利用电子邮件接收各种有价值的信息等。同时，还可以向读者介绍各种综合性、专题性数据库的收录范围及检索方式，检索途径和检索策略，以便让读者提高获取知识的能力。

传统导读以图书馆的藏书为基础，以指导读者读好某些书为活动内容。而网络信息资源导读则以网络环境为活动空间，以引导读者开发和利用网络丰富资源为基本目的。在现在和将来网络导读需要考虑对网址进行控制与网罗，对特定主题的专业文献进行整理与引导。图书馆根据读者的需求，有目的、有步骤地对网络信息资源加以合理的组织，并形成一个引导读者获取所需信息的引导系统，使他们在最短的时间，得到最经济最满意的结果。

2. 导读对现代信息技术的依赖性更强

现代信息技术具有的电子邮件（E-mail）、远程登录（Telnet）、文件传输（FTP）、电子公告（BBS）、网络新闻（Network News）、全球浏览（WWW）等功能，可以实现全文本、超文本和多媒体的信息传输与检索的国际互联网，需要在计算机、通信、数字化、数据库、多媒体、人工智能和虚拟现实等技术手段的支持之下来实现。信息技术在图书馆中的运用，使得文献信息资源呈现多元化，而网络信息资源拓宽了读者的阅读范围与选择空间。当然导读工作离不开现代信息技术的支持，也就是说，导读对现代信息技术的依赖性更强。

互联网在全球的开通和迅速扩张，使得互联网成为世界用户最多、影响最为广泛的网络互联系统。网络信息资源类型多，涉及面广，文献信息的搜集、筛选和揭示应走在导读之前。网络导读不能只是对网站加以搜集和链接，或只提供很简单的说明文字，而是要反映出站点的类型、内容和特色，对资源进行深层次揭示，并加以适当的评论和推荐，引导读者充分利用。而这一切都必须依靠现代信息技术才能进行和完成。

3. 导读的方式将是多样化的统一

传统导读侧重于人文学科的阐发，现代科学与信息技术的应用将使导读逐步走向科学化，并充分体现科学与人文精神的整合。过去的导读以推荐文献、引导读者阅读、提高阅读能力为目的。现在导读正转向正确查找和使用各种不同类型的出版物的引导，尤其是进行电子出版物、网络查寻等导读，使读者"得其门而入"。导读内容逐步从单一的文献服务向综合性文献信息服务拓展，尤其是计算机、数据库和互联网等技术的应用，使导读呈现出专业化与综合化、精约化与大众化、科学客观化与个体主观化并存；针对不同载体的文献信息的不同导读方式将长期并存，共同构成社会导读大系统。

4. 导读工作的内容发生巨大变化

导读工作需要对大量的信息资源、众多的媒体进行专业性判断，选择真正有价值的文献，筛选精华，进行网络导航。根据本馆的性质、任务和读者需求，在网上选择相应的电子期刊、电子图书和电子报纸；选择有价值的专业机构网站、专业网站的相应栏目；选择优秀作者和科研人员的个人网页；选择内容准确、更新及时、检索方便的权威数据库，分别描述其内容特色、检索利用方法、记录其网址，建立本馆的网上信息资源目录。记录其检索路径，提供网络浏览导航下载转录、脱机浏览。如同收集印刷型文献一样，将网上最有价值的使用频率高的信息转录拷贝，移植到本馆的服务器上，建立镜像信息站点，在本单位或地区的局域网上运行，使本馆用户可以"脱机浏览"。进行信息重组和信息再造工作，拓展信息功能，充分挖掘信息的潜在价值，把分散在各文献中的信息联系起来，进行信息重组，使用户更有效地利用信息。这一切工作都要在前期和幕后完成之后不断地提供给读者。所以导读工作由即时性服务转向前期服务，导读的角色由台前变为幕后。

5. 导读主体大大扩展

导读工作并不限于本馆的人力和资源，不同图书馆之间的合作咨询服务比较常见，不同的图书馆可以通过互联网共同探讨交流导读经验。例如大学图书馆可以充分依靠本校的人才优势，邀请学校中的专家、学者参与并承担一部分导读工作，尤其是组织他们为读者开设专题讲座和问题讲座等。

四、导读工作发展趋势

由现代技术带来的影响意味着仅仅以一馆之藏为活动范围和以指导阅读为主要方式的传统导读工作，既不适应网络化时代的发展趋势，也无法满足以开发和利用丰富的网络信息资源为主要目标的读者需求。导读在继承优良传统的同时，要根据社会发展的需要，利用现代手段，通过各种行之有效的方式和活动去"干预"和"影响"读者的阅读行为。导读将从传统的偏重于人文学科的阐发，转向运用现代科学理论与信息技术，走向科学化。因此，在网络环境下，图书馆导读工作的内容和方式已成为需要我们认真思考的一个新课题。

1. 图书馆导读工作的新领域——网络导引

（1）网络导引的概念

此处引入了"网络导引"这个词，是相对"图书馆导读"而言。二者不但有字面上的区别，而且还有概念上的不同，但它们之间又有内在的联系。

图书馆导读以图书馆的藏书为基础，以指导读者读好某些书为活动内容。而网络导引则以网络环境为活动空间，以引导读者开发与利用网络信息资源为基础目的。

图书馆藏书是实有的、拈手可得的。对读者而言，图书馆收藏的数十万、数百万、甚至数千万图书中，哪些书可读或适合读、应该读，哪些不适合读，甚至不可读，他们往往不容易把握。因此，图书馆就应根据不同情况，给予读者必要的指导或辅导，使其收到最满意的阅读效果，这就是传统图书馆导读工作的基本涵义。

而网络信息资源，在物理结构上是一种虚拟的而且又是无序的资源，对读者而言，是一种陌生的、不能很容易就信手拈来的信息；图书馆根据读者的需求，有目的、有步骤地对网络信息资源加以合理的组织，并形成一个引导读者获取所需信息的导引系统。使读者可以在最短的时间，以最小的资金，得到最满意的结果，这就是开展网络导引服务的意义所在。

如此丰富的网络信息资源令人垂涎欲滴，但它的分散性和无序性又使人束手无策。对此,建立一个网络导引系统,以指引读者了解与获取世界范围的有用信息,是一件十分有意义的工作。

从上述可以看出,传统的图书馆导读工作与现代的网络导引服务,显然有不同的内容和方式。然而,正是这些不同的内容和方式,反映了社会信息化时代对图书馆提出的新要求。应当说,开展网络导引服务是传统图书馆导读工作的扩展,是导读服务的延伸。

建立网络导引系统,就是用虚拟网络的概念,有选择、有重点地将分布在世界各地的有关信息源组织起来,形成一个开放、公开的有关信息源的有序集合。在网络环境支持下,用户不但可通过网络导引系统得知自己所需信息的分布情况,而且可以在导引系统的引导下,通过网络获取所需的信息。

(2) 网络导引服务的目标

形成一套既方便信息组织,又具有良好操作界面的用户查询支持系统是网络导引服务的目标。读者到图书馆来,不仅是想使用图书馆的馆藏,更主要的是想通过图书馆这个渠道,了解与掌握世界范围的有用信息。因此,建立一个具有良好操作界面的导引系统尤为重要。导引系统应当具有两大查询功能:一是对网上信息资源建立索引,为用户提供检索功能;二是对不同的 WWW 服务器建立链接,为用户提供信息资源的分布情况。

为方便统一管理和用户利用,网络导引系统可从本地服务器的 URL 进入,以本地的服务器主页中的一项引导菜单形式出现。其信息资源采用学科主题树浏览方式进行组织,以指引用户浏览有关数据库的数据,或指引用户到特定的 URL 上获取需要的信息。

收集一批有关的国内外信息源服务器 URL,以形成该导引系统的导引页。URL 是统一资源定位器,通称 Internet 域址,它就像 Internet 网上的一把钥匙,只有通过它才能进入你需要的信息库。它又像全球定位系统,为"漫游"Internet 的人定位使其不迷失方向,Internet 也正是通过 URL 将世界上的联机信息资源组织成有序结构。每一个信息源服务器都存储着大量的信息。每一个信息源服务器都有自己的 URL,并提供"超文本"或"超链接"的页面(Homepage),通过 URL 访问 Internet,不但可检索到存储在该信息源服务器上的信息,而且可利用其"超链接"功能将访问者引导到其他信息源服务器的 URL。因此,系统地收集并按专业属性分门别类地将有关的 URL 组织集成起来,其作用就等于在网络的信息海洋里,为读者架起了通往彼岸的航船。

收集 URL,可以充分利用 Internet 上提供的一些检索工具。Internet 上的检索工具大致上有三种类型:如提供交互式信息服务的(如 WWW)、提供名录服务的 WHOIS、NETFIND 和提供索引服务的 Archie、WAIS 等。这些检索工具汇集了许多信息源站点，我们可以从中选择一些作为继续查找或互相指引的线索。然后在全面收集、分类的基础上，形成相关的URL导引页。

对信息源进行持续深入的跟踪，不断积聚有关的原始信息资源。Internet上的信息资源，不外乎如下几种类型：文摘和目录型信息、电子报纸全文信息、全文期刊信息、数据和事实型信息、动态型信息。但是，其中相关的信息究竟有多少？分布在哪里？如何查找？这些问题对大多数读者来说是陌生的。为了节省读者的时间，我们应当有选择地对相关的URL进行持续深入的跟踪，并将存储在各个服务器上的重要信息及时下载。经过我们的日积月累，一个针对性很强的信息资源库便可应运而生，其利用价值必定会远远超出人们的意料。

由于Internet上信息资源十分庞大，且处在随时变化更新之中，任何人想通过人工的方法在上面查找所有的信息几乎是不可能的。为了解决此类问题，国外的基本做法是利用网络机器人（Network Robot）技术来完成信息的自动跟踪与更新工作。这些网络机器人定期在Interne上漫游，当新的URL或新的信息出现时，就将其存储在本站点上。我们可不断地对这些站点进行跟踪，并对其更新的内存进行必要的整理与组织，以便充实自己的导引系统，这无疑是积累信息资源的一条捷径。

为馆藏文献资源建立导引服务。在社会步入信息化的时代，由于人们的工作节奏加快，越来越多的用户选择了通过网络访问图书馆。所以，图书馆应当努力改变坐等读者上门的被动服务方式，充分开发现有的馆藏资源，加速文献的数字化步伐，并通过本馆的网络导引系统，及时地将馆藏文献信息提供给用户。

总之，开展网络导引服务，是顺应信息服务工作的发展潮流、继续发挥图书馆情报职能和教育职能的一个新的工作领域。

2. 图书馆人文服务的亮点——学科馆员

从导读工作来看，无论是书目的编制，还是各种导读方式的完成；无论是编制资料，还是举办辅导、开展互动式的交流，图书馆都迫切需要一支懂专业、懂外语、掌握现代信息技术、擅长文献加工、会经营的馆员队伍。这也是导读工作正常开展对基本人才的要求。20世纪90年代初出现的学科馆员制度顺应了这一要求，不仅给图书馆带来了新的服务增长点，使图书馆的服务体系更加完整，而且细化了图书馆的分工，使图书馆员从大一统的服务中解放出来，职责更加明确，服务更加到位。

(1) 学科馆员的引出

随着信息载体技术、信息处理技术和信息传输技术的飞速发展，图书馆正在步入全新的读者服务新时代。如果说传统图书馆是以文献为服务单元，注重读者群体概念的话，那么现代图书馆则是以信息为服务单元，强调以人为本的个性化信息服务。应该说，现代图书馆在网络信息环境下，为了满足读者个性化和多样化的信息需求，必须提供差别信息服务，这种差别信息服务，便对馆员提出了具备专业背景的要求，这就引出了学科馆员。

由于高校图书馆读者群不同于公共图书馆的特殊性，即读者主要是高校内的教学、科研人员和学生，对文献信息需求的专业性强。随着研究越深入、专业性就越强，要求也就更高。对于学科部门来说，没有图书馆优质文献信息服务的支持，规划和实施宏伟的教学科研项目将是无米之炊。这就要求图书馆要加强与教学部门的联系，紧密配合学校教学和科研的发展方向，尤其是重点学科的发展建设，按照具体专业或学科领域来组织、实施服务。对图书馆来说，建立了某学科领域的丰富的馆藏资源，开发这些资源是昂贵的，却没有相应的服务方式让教师、学生去使用，将是极大的浪费。在现代信息环境下，图书馆的服务重心已从一般服务向信息咨询服务转移，这也要求高校图书馆深入教学科研的实践中，提供针对性强的信息服务。要发挥图书馆在学校科研学者中的地位作用，就应在图书馆和学科部门之间发展一个动态、交互的信息服务模式，就要设立专门的馆员，各负责一个学科领域，与用户建立直接联系，深入了解他们的需求，从而有的放矢，提供对口服务。因此，既具备学科专业知识，同时又具备图书情报专业知识，能够有针对性地为教学和科研提供直接、便利、深层次的学术服务的学科馆员便在高校首先应运而生。

学科馆员制度是以学科为对象而建立的高级专业人员对口服务模式，其目的是为了加强图书馆与各院系的联系，为两者搭起了桥梁，建立起通畅的"需求"与"保障"渠道，进一步拓宽图书馆的服务范围，深化服务层次，加快科学交流和信息传播的速度；帮助教师、学生充分利用图书馆的资源，提高文献信息资源的利用率；使图书馆的服务更直接、更有针对性，使广大教师和研究人员能及时准确地获得最新文献信息，最大限度地满足其信息需求；同时改变传统的服务方式，为教学科研提供主动的、深层次的信息服务，以适应信息时代飞速发展的需要。学科馆员就是拥有某一学科（专业）领域的扎实知识的图书馆馆员，负责在其特定学科（专业）领域开展一个或多个方面的图书馆业务工作或参考服务。学科馆员在不同单位的称呼是不同的，如学科馆员（Subject Librarian）、学科专家馆员（Subject Specialist Librarian）、联络馆员（Liaison Librarian）、学科咨询馆员（Subject Reference Librarian）、学科目录馆员（Subject Bibliographer）等，他们担负的职责也有所不同，有的负责管理分支图书馆，全权承担整个业务工作；有的隶属参考咨询或其他部门，负责一个或多个方面的工作，综合起来有院系联系、学科咨询、馆藏发展、用户教育、书目编撰与指导、分类与编目等。尽管不同机构、不同学科的学科馆员会有不同，但他们的本质都是以特定的学生和教职员工的信息需求为中心，提供对口服务。

追溯学科馆员的历史，业界普遍认为，是美国卡内基-梅隆大学图书馆于1981年率先推出的这一服务，称之为"跟踪服务"（Track Service），俄亥俄大学图书馆相继推出了"网络化馆员免费导读"（Net Work Librarian and Free Guide）服务。国内学科馆员制度起步较晚，自1998年清华大学图书馆建立"学科馆员"制度以来，其他一些重点高校图书馆，如西安交通大学图书馆、北京大学图书馆、南开大学图书馆、厦门大学图书馆等，也先后尝试这种做法，并取得了良好的效果。目前，国内已有近百所大学图书馆开展此项工作，纵观我国高校学科馆员制度的发展历程，虽然起步较晚，但发展很快，其间经历了初试和发展阶段，现在已逐步走向成熟。

(2) 学科馆员的任职资格及职责

这里的任职资格主要指学科馆员的知识结构和业务水平。境外一些国家和地区的高校图书馆规定学科馆员由具有一定专业水平的资深馆员担任；国内几所已实施"学科馆员"制度的高校图书馆，对学科馆员的任职资格也有明确的规定，如南开大学图书馆，要求由有相应工作能力和专业知识背景的资深馆员担任学科馆员；而清华大学图书馆则要求学科馆员一般都具备大学程度的学科背景和硕士程度的图书情报专业背景，非常熟悉对口学科的各种文献资源，能够有针对性地为教学和科研提供帮助。可见，学科馆员首先应该具有较高的图书情报专业知识，是信息情报员，否则就谈不上情报服务；其次，应突出"学科"的特点，必须是某一学科的专业人才，对某一学科具有一定的学术研究水平，虽不要求他对这一学科进行深入研究，但是必须对这一学科的研究前沿有所认识，否则难以成为该学科专业研究人员的信息导航员；第三，必须精通和掌握计算机技术、网络技术、多媒体技术等信息技术；第四，至少掌握一门外语。

学科馆员的职责是与实施"学科馆员"制度的目的相对应的。综观已经实施"学科馆员"制度的图书馆，对学科馆员的职责都有明确的规定，虽然图书馆的学科馆员的职责应根据各馆的具体情况而确定，但作为一个学科馆员其基本职责应包括：重点熟悉某个学科的图书文献资源并编写读者使用指南；负责某个学科的网络资源收集、整理并建立这些资源的网络主页；负责与对口院系保持联系，为对口院系的师生提供图书馆利用培训，协助对口院系订购必需的图书文献资料，帮助对口院系师生进行相关课题的文献检索。清华大学图书馆和南开大学图书馆确定的学科馆员职责比较系统、全面值得大家参考和学习。

（3）实施"学科馆员"制度的建议

高校图书馆建立"学科馆员"制度是时代的要求。但是，根据目前我国高校图书馆的现实，要实施"学科馆员"制度还存在相当的困难，其中最主要的是人才问题。因为我国高校图书馆无论是人员素质还是研究水平，都普遍较低。各图书馆应因地制宜，在此提出如下几点建议。

根据本馆的人才的实际，选择有条件的学科优先操作。借鉴西安交通大学图书馆、南开大学图书馆的做法，选择有人才条件的学科优先实施"学科馆员"制度。高校图书馆中或多或少地在某些学科拥有有相对优势的人才条件，因此，可以针对这些学科挑选一些业务素质好、工作能力强、有专业背景、比较熟悉参考咨询工作的同志担任学科馆员。由于学科馆员是一项具有挑战性的工作，随着新技术及专业学科的迅速发展，他们需要不断地学习才能适应对口学科的新发展。因此，学科馆员在工作中要承担一定的压力，这就促使其在工作中自觉地吸取新的知识，在工作中不断提高自身素质和工作能力，因此，"学科馆员"制度的建立既提高了对口服务质量，学科馆员自身又得到了锻炼，为图书馆培养了技术骨干，为将来的扩大服务面打下基础。

争取对口学科院系的配合。"学科馆员"制度必须与图情教授制度结合，这是已经实施学科馆员制度的图书馆的经验总结。为了帮助图书馆了解广大教师对文献信息资源的需求和对图书馆各项服务的意见和建议，及时向教师和研究生通告图书馆的新服务和新资源，保证图书馆与各院系的联系顺畅沟通，各院系推选若干名热心图书馆事业，全面了解本院系研究工作的现状及发展方向的教师作为图情教授（或称信息教授），并规定图情教授必须担负一定的责任。这方面，清华大学图书馆做得十分出色，他们详细规定了图情教授的七项职责。图情教授要负责向图书馆提供本院系的研究动态及其信息需求，并配合学科馆员做好有关工作。学科馆员与相应的图情教授之间要建设直接的联系，定期和不定期的交流信息，确保"学科馆员"制度的实施和学科馆员工作任务的完成。

第八章 读者教育

为了更有效地为读者服务，图书馆必须开展读者教育，这是图书馆的一项重要任务，也是图书馆职能的具体体现。随着图书馆读者工作的深化，各类型、各级次图书馆的领导和读者工作者深刻地认识到，要想更好地实现图书馆工作的社会价值，不但要做好文献流通服务工作，而且还要努力做好读者用户利用图书馆的技术能力的培训、教育工作，读者教育的内容与方法随社会的变革和读者需求的不同而变化。

第一节 读者教育是图书馆职能的重要组成

一、图书馆的社会职能

图书馆活动的社会本质决定了图书馆的社会职能。图书馆的社会职能是对社会外部作用的表现，它是社会赋予的。同时是一定时代的社会生活对图书馆提出的社会要求，因此它具有时代特征。假如把图书馆置身于社会的运动过程中，图书馆的活动就可以被看做是图书馆和外部社会不断交换和作用的过程。图书馆在同外界社会的不断输入输出过程中获得生存和发展的动力，其职能如下所述。

1. 社会记忆职能

就像人的个体一样，社会本身也需要一个记载和保存人类知识和经验的存贮装置，社会也是在不断积累人类社会知识财富和继承人类文化遗产的过程中前进的。社会如果没有已往的经验作借鉴，就会重复已经走过的道路，重犯过去的错误。假如说，过去经验的不断吸取是人走向成熟的重要条件，那么人类文化遗产的继承就是文明社会进步的坚实基石。

图书馆收藏着古今中外的人类知识成果，这些凝聚在文献中的知识，记录着人们征服自然和发展社会的手段与进程，记录着古往今来人类历史的发展和演变。从来没有任何一个社会机构能够像图书馆那样蓄积着如此丰富的知识宝藏。图书馆就像是人的大脑一样，它收藏文献就像是人的大脑的记忆功能，社会有了这个记忆的大脑，就能够跨越时代的鸿沟和历史的间隔，使一些已经消逝于现实中的人类知识的成果（只要记录这些人类智慧和创造过程的文字记录还存在）在现实中奇迹地"复活"。上述情况得以实现依赖的就是图书馆的社会记忆功能。正是这些社会记忆功能，才能够使图书馆长期保存和积累社会知识，能够为再生和创造社会文明提供条件。

2. 文献保障职能

当文献作为特定的商品在社会中流通时，文献的供应和文献的需求就会存在一定的供需矛盾。文献出版量的有限性与读者需求的无限发展有一定的差距，出版数量的制定只能是根据现实市场情况，不可能达到全部的社会需要。而作为个体的读者，因为其经济能力等因素的限制，也不可能拥有所有需要的文献。因此，总有一部分读者不能获得其所需文献。为了解决读者依靠个人能力不能获得所需文献的矛盾，建立公共性的文献收藏机构，通过社会力量来聚积和提供文献，对社会成员的文献需要提供社会保障则成为可能。图书馆就是这种社会性的文献保障体系。

保存人类文化遗产的职能，是图书馆最古老的职能。直到现在，保存文化的职能仍然是图书馆其他职能的基础。可以说，如果图书馆没有文献保障的职能，它也就没有社会记忆、文献信息传递和教育的职能。图书馆在自身的发展进程中，保存的对象的形式也在不断地变化着，包括古代的龟甲兽骨、纸草泥板，近代的印刷型图书，现代的光盘、磁盘、磁带、胶片等，人类社会每前进一步，都会留下大量的文化遗产，它们都可以作为图书馆保存的对象。

与古代图书馆保存文化遗产相比，现代的图书馆保存职能发生了根本的变化，古代图书馆更多地注重文献的保存，现代图书馆则更多地注重文献的使用，保存的目的在于使用。因此，现代图书馆保存文化遗产的职能，在图书馆的其他职能中是处于从属地位的。但同时我们也应该认识到，图书馆搜集和保存人类文化遗产的职能是图书馆本身所固有的、有代表性的职能，是图书馆区别于情报部门的重要特征之一。

图书馆所担负的文献保障的职能是按照不同层次体现出来的。作为总体要领的图书馆，它必须担负全社会的文献保障。但是，对于某一个具体的图书馆来说，它所担负的职能的侧重点是不同的，这要从其活动的领域和服务范围内对读者实行相应的文献保障。这种不同范围和重点的文献保障，在总体上都要构成一个社会或国家图书馆体系的整体的文献保障能力。因此，评价一个社会或国家图书馆体系的发达程度，其文献贮备和人均文献保障率是一个很重要的指标，它反映了图书馆满足社会文献需要，提供社会文献利用的能力。

3. 社会教育职能

图书馆的馆藏文献是人类思想的结晶，它也为图书馆从事智力开发，进行社会教育提供了丰富的雄厚的物质基础。馆藏文献资源是人类智力活动的物化形式。人类科学技术的发展，是建立在吸取前人经验的基础上的，而馆藏文献并不是都能在同一时间里被读者全部利用，有许多文献被搁置在书架上，长期无人问津。这里面的因素是多方面的，除了图书馆对文献整序不当而使文献不为人所利用之外，还有一个很重要的原因，就是社会对文献本身存在着认识上的局限性。许多文献长期积压在图书馆的书库里，由于人们对它们的价值认识不够，或者是由于语言上的障碍等各种原因，造成了智力资源的浪费。因此，图书馆应加强对馆藏文献的开发与利用，因为只有这样，才能及时、准确地揭示文献的内容信息，为传递文献信息创造条件。培养读者进行科学思想的能力，对读者进行各种图书馆教育，这些教育包括书目知识教育，文献检索知识、阅读方法教育和学习方法教育等。它们对启发智力、活跃思想、培养科学思维能力、提高学习效率等都起着重要的作用。尤其是对读者进行"如何使用图书馆"的综合性教育，对读者从事科学研究或者自学都很有好处。

未来社会的发展，关键靠人才，而学校教育仅仅是培养人才的一种形式，在大力提倡"终身教育"的今天，图书馆的开发智力资源、进行社会教育的职能则显得格外的重要。

4. 文献信息传递职能

图书馆收集了大量的科学文献，它拥有丰富的科学情报源和最新的科学技术的发展成果。图书馆馆员通过把这些文献传递给读者，实现了文献的利用价值，这是图书馆文献信息传递职能的基本体现。

传递文献信息是图书馆的基本职能之一，这是由图书馆的中介性所决定的。文献是人类思想信息的载体，文献的意义则在于它能够传播思想信息，图书馆对文献的传递，实质上就是传递载于文献中的内容。读者到图书馆的最终目的也是要获取文献的内容信息。文献信息传递职能包括两方面的内容，一是文献的传递，二是信息情报的传递，这是随着历史的发展而逐渐分化的两种功能。传递文献是对图书馆传递职能形式上的概括，传递信息情报则是对传递内容上进行的概括，传递信息情报不是孤立进行的，它是通过传递文献来实现的。

5. 文化娱乐职能

文化娱乐职能是图书馆的又一个不可忽视的基本职能，与其他社会职能一样，它的形成是由图书馆本身的性质所决定的。图书馆作为社会知识交流的社会实体，它既与社会知识活动（如科学活动、教育活动）有密切关系，同时，它又是社会信息交流活动中的一个环节，与社会大众传播交流活动有相似和联系之处，具有社会传播交流的某些性质。娱乐作为传播交流的一个重要功能，在日常和经常的社会传播交流中占有很重要的比重。例如，电子阅览室、多媒体教室、社科杂志、文艺类图书等，文献所反映的内容和形式是多种多样的，它的作用也是多方面的。文献本身既有严肃和通俗之分，也存在着学术价值与美学欣赏价值的差异，可以为从事研究和学习发挥作用，也可以用以消遣和文娱享受。图书馆的读者包括各个阶层、各种职业、不同年龄、不同文化水平、不同爱好的人，所以他们利用文献的动机和目的也会存在差异，这种多样化的现实活动内容为图书馆的多功能发挥提供了基础，为图书馆娱乐职能的实现创造了客观条件。

6. 传统功能日益减少，新功能增加

随着科学技术迅速更新，网络功能日益完善，社会需求知识的专业化、系统化，促使图书馆功能发生了深刻变革。首先，自动化建设成为图书馆工作基本环节。计算机替代人工劳动，管理规范，技术环节连接紧密，将失误率限制在最低程度，服务质量明显提高。其次，工作中心将由文献采集、整序、存储等环节完全转移到社会服务上。网上文献采编和服务程序简易、标准、规范，使多角度、多途径、多方法为社会服务成为图书馆工作中心。第三，人工借阅、卡片目录将成为历史，计算机检索、开架借阅则是主要借阅方式。电子出版物收藏、制作与利用是热点。第四，图书馆成为文献服务局域网络中心，读者计算机成为终端，足不出户便可利用馆藏文献。第五，情报、咨询、联机检索、查新、查专利、跟踪专题等服务是图书馆的主要工作内容。第六，服务范围逐步扩大，网络连接，馆际协作、资源共享成为图书馆重要服务内容和形式，读者通过计算机可利用网内各馆文献资料。第七，数字化将是图书馆文献建设的途径，如何进行和完善数字化将是图书情报界研讨争论的话题。

从总体上看，图书馆的几种基本职能是互相联系、互相补充的，孤立地强调某一方面的职能而忽视了其他方面的职能作用，则是片面的。图书馆的社会职能是在图书馆的发展过程中逐渐形成的。在图书馆发展的不同阶段上，图书馆的职能有不同的侧重点。对于不同类型的图书馆来说，图书馆的职能也要根据其性质、任务、服务对象、收藏范围和所在地区等条件的不同，而有所侧重。因此，我们应该根据实际情况，发挥图书馆的职能作用，办出具有特色资源、特色服务的图书馆。

二、图书馆的教育职能

图书馆的社会职能从文献收藏发展到文献利用，强调图书馆的社会教育职能。人们不再把图书馆仅仅看成是文献收藏的地方，而看成是一种社会性的科学、教育、文化的机构，看成是促进文化科学教育事业的社会力量。图书馆的社会价值在于给人们以知识的利用，而不仅仅是储藏文献。

1. 图书馆教育职能的形成和发展

图书馆的教育职能形成和演变是与图书馆历史发展联系在一起的。在中国古代图书馆时期，图书馆的教育职能主要体现在为学校教育提供文献资料。我国的书院藏书是最早在学校教育中利用图书馆就是一个典型例子。古代的一些著名的书院，不仅是教育人才的机构，而且也是藏书和校书的地方。图书馆与学校教育的相互联系，是形成社会教育系统的一个基本条件，这早已经为人们所共识。

但是，把图书馆本身看成是一个教育机构，看成是社会教育的场所，这种认识是在传统图书馆形态形成以后才出现的，尤其是公共图书馆的产生，是使图书馆教育职能由单纯的辅助学校教育扩展到实施社会教育的一个重要标志。近代的公共图书馆的运动实际上是作为社会教育机构的图书馆的发展。被誉为"英国公共图书馆之父"的爱德华兹发现公共图书馆在早先的发展阶段中，绝大部分读者是工人阶级和中等阶层以下的人民群众。这说明，公共图书馆的兴起是在当时社会教育历史潮流的推动下形成的，是与为了适应大工业生产发展，需要形成一批有一定文化和生产技能的劳动者的时代要求密切相关的。

随着无产阶级革命运动的兴起，图书馆作为启发工人阶级的觉悟，提高人民科学文化素质的重要工具，受到无产阶级革命领袖的高度重视。中国无产阶级革命领袖李大钊十分重视图书馆的社会教育职能，他曾经说过，现在的图书馆已经不是藏书机关，而是教育机关。在《列宁论图书馆工作》中，列宁认为，图书馆可以成为全国最普及，仅次于学校的文化教育机关，可以成为社会主义教育的支柱。他曾经说过，图书馆和农村图书室，将是在长时期里对群众进行政治教育的主要场所和几乎是唯一的机关。

到了现代社会，图书馆的社会教育功能得到了强化，随着现代科学事业的飞速发展，人们发现必须经常不断地进行知识更新，才能够适应时代的需要。知识更新的重要途径就是要不断地自我学习，从现代科学知识发展中吸收到最新的成果，不断地扩充自己的知识积累和提高自己的知识结构。而自我学习的一个重要方法就是依赖和利用图书馆丰富的文献资源。图书馆作为社会自学的组织者和场所，已经在现代社会生活中日益展示了它的新的活力。

2. 图书馆教育职能的本质

图书馆的教育职能与其他的社会教育机构相比，有着本质的区别。它主要表现在如下几方面。

第一，它是通过文献来实施教育职能的。图书馆必须依靠充足的经费、丰富的馆藏文献，才能实现这种对教育的辅助作用。它利用和提供自己丰富的文献资源，向广大的读者进行宣传教育和辅导，传播科学技术知识，帮助广大科技工作者掌握最新专业知识；宣传马克思列宁主义、毛泽东思想，宣传党的路线和方针政策；向读者进行革命理想、共产主义道德、爱国主义教育；进行文献的宣传和推荐，寻找阅读的最佳途径。

第二，它是自学和深造的场所。图书馆进行社会教育，是在图书馆为社会提供了自学的场所这个角度上提出来的。它通过建立良好的自学环境，利用各种途径提高读者的自我学习的能力、利用文献资源的能力，培养读者的情报意识，从而提高自我学习的效率。图书馆的教育职能发挥得好坏，还与图书馆的学术水平有关，因此图书馆的教育职能有一定的局限性。但是，由于图书馆藏书的连续性，使得图书馆的教育也具有长期性和稳定性，并且是无限发展的。受教育者可以长期地、自由地利用图书馆进行自学，这是学校教育所不能比拟的。

第三，图书馆教育的对象和内容具有广泛性。图书馆作为一种中介性的社会机构，它的教育职能也带有中介性，文献对读者的教育作用是以图书馆为中介而实现的。图书馆的教育职能受到图书馆的社会性、学术性所制约。到图书馆接受文献教育的读者具有广泛的社会性，它的教育对象涉及社会的各个知识结构的人，各种职业的人，各种年龄阶段的人。它的教育内容包括科学知识的各个领域，既有思想教育，又有社会文学，还有自然科学；既有各种通俗读物，又包括各行各业的专业知识，以及读者利用图书和文献资源的方法及技能等各项内容。

第四，图书馆的教育活动主要有两方面的内容，一方面是对读者开展如何利用图书馆和文献检索的辅导与教育；另一方面是对图书馆全体馆员本身的在职教育和职业培训，以及建立和发展图书馆学教育体系。其中，读者教育占有较大的比重,职工教育的目的是为了更好地开展图书馆工作,包括读者教育工作。

3. 图书馆教育与学校教育比较

图书馆利用书籍广泛进行社会教育,其教育作用较之学校教育具有如下几方面特点。

第一,社会性和公共性。学校教育是在特定的人生阶段进行教育的一种形式,而图书馆的阅读教育是整个社会生活的一个组成部分,而且它是面向整个社会、全体公民开放的,它不受地域、年龄、职业、性别等方面的限制,是一种极为广泛的社会教育。

第二,连续性和辅助性。一个人在学校里接受教育的时间终究是有限的,结束学校教育后的人生岁月,占我们生命中的三分之二以上,这段时间的教育主要是通过阅读来进行的。也就是说,阅读是人们进行连续教育的最好形式。与连续性相连的则是图书馆教育的辅助性。相对于学校教育来说,图书馆教育是正规教育的补充,它不但有活化课本知识的作用,还有补充课本知识不足的功能。

第三,潜在性和效用的长久性。学校教育的主要方式是传授知识,即所谓的师者传道、授业、解惑也,它的作用是明显的,学生成绩也是可以衡量的。而图书馆利用书籍的社会教育则是潜移默化的,在这里读者的自主性有着十分重要的作用,对不同的读者,书籍价值的实现情况也是不同的。而且,这种通过阅读获得的效果也不像学校教育那样可以用分数和升学率表现出来,而是长久地、不知不觉地影响着一个人的世界观、思想意识等。

三、发挥图书馆教育职能,开展读者教育活动

在文献交流系统中,最活跃的因素是读者。文献交流活动是一种社会活动,它始于文献生产,结束于文献的"消费"。"正是消费替产品创造了主体"(《马克思恩格斯选集》第二卷),读者则是这一社会交流系统中的主体。我国图书馆的读者工作,以最大限度满足读者需要为目的。读者工作是图书馆工作的出发点、过程和归宿。也就是说,没有读者,图书馆也就没有了其存在的价值;没有读者,也就没有图书馆工作的效益。图书馆与读者是一对互相依存、互相影响、互相促进、互相制约的矛盾统一体。

社会的教育环境状况是决定图书馆读者队伍的根本原因。教育越发达,社会文化教育普及程度则越高。而社会文化教育普及程度是直接反映在社会具有阅读能力的人的数量上,也体现在图书馆的现实和潜在读者的数量上。

在一个文盲占了相当比例的社会中不可能要求图书馆有更大的发展，而教育普及的国家，图书馆发展则是现实的社会需要。

在现代信息技术迅猛发展的时代，图书馆的信息资源除了传统的印刷型文献外，越来越多地拥有电子载体读物、数字化资源及网络数据库，图书馆的信息服务也不再局限于自身收藏的文献信息，而是可通过网络在更大的范围内开展资源共享。网络环境下图书馆的信息服务形式正逐步地更新为多媒体阅读、网络查询等。一个图书馆的功能价值体现的程度、文献资源的开发利用水平等，取决于读者的数量、质量和使用图书馆的效益和效果。因此，如何使读者具备现代技术条件下的信息能力，是图书馆的责任和义务。培养读者信息能力，是图书馆深化信息服务，开发图书馆所藏文献的必由之路。

第二节 读者教育的原理

一、读者教育的涵义

什么是读者教育，作为学术界研究的课题，到目前为止，它的涵义尚无定论。无论是国外的还是国内的专家、学者，都从不同的角度对读者教育进行了定义，提出了不同的观点。

瑞典N·菲埃乐勃兰特等著的《图书馆用户教育》一书中指出："读者教育涉及整个信息和交流过程，其中的一部分是指读者与图书馆的相互接触。这应该是一个连续的过程，即从中小学图书馆和公共图书馆开始，并有可能扩展到高校和专门性图书馆。每一次去图书馆，不论是否同图书馆工作人员接触，正式或非正式的形式，都将具有教育价值。就图书馆而言，读者的教育工作应旨在使这种价值发挥到最大的效益。读者教育在图书馆的目标中位于中心的地位，是为了有效地利用情报资源。"缪斯（Mews）在她的《读者教育》一书中把"读者教育"定义为一种帮助读者最佳地使用图书馆的教育。

中国科技情报研究所重庆分所的刘松甫认为，"读者教育广义的是指图书情报单位对潜在的和现实的读者所实施的图书情报及其开发手段的使用教育；狭义的是指图书馆对其使用者进行图书馆的使用教育。读者教育主要是在高校图书馆进行的，教育的对象绝大部分是大学生和研究生。在我国，许多人曾把读者教育称之为读者培训。我们不妨这样加以区分，针对读者进行全面规划的、系统的、定期的指导或授课叫做读者教育，而把无全面规划的、零星的、短期的，也有某种组织形式的指导或授课叫做读者培训"。

虞志方在《图书馆工作》（安徽）上发表的论文中指出："所谓普及文献

情报利用知识,是指通过普及工作使读者掌握文献情报的基本知识,了解各种检索方法和途径,懂得与他所从事的专业有关的几类文献的检索方法,熟悉有关的检索刊物,知道如何获取和利用情报,了解国内外有关的图书情报机构,以及掌握科研论文的撰写规则、方法和文摘、述评的编写规则。这里,核心是一个如何学会文献情报检索的问题。"

笔者认为,上述国内外专家、学者对读者教育的基本观点,虽然描述方式有所不同,但它的本质却是一致的。他们都认为读者教育对读者加强利用图书馆获取知识具有重要的作用,而开展读者教育的方式是通过各种形式的组织活动。

二、读者教育的意义

1. 读者教育可以使更多的潜在读者成为当前读者

如果图书馆扩大视野,读者教育不再局限于当前的读者。读者教育有助于将社会中潜在的读者变为图书馆的当前读者。而潜在读者转变成当前读者,是图书馆利用率提高的最快捷、最有效途径。只有激起更多社会大众的读书热情,向他们宣传图书馆,使更多的人成为图书馆的读者,图书馆事业才能进入良性循环。读者多,证明社会对图书馆的需求旺盛,政府和公众才会支持图书馆,图书馆才会越办越红火,图书馆事业才会更加兴旺发达。

2. 读者教育有利于读者与图书馆之间的沟通

对于当前的读者来说,读者对图书馆的了解越多,利用越主动,阅读兴趣越广泛,文献需求越多样,反过来会促进图书馆服务方式的多样化、服务领域的拓展、服务效益的提高。建立在读者与图书馆相互沟通基础上的读者工作必将会焕发出勃勃生机。

3. 读者教育有助于文献信息资源的开发利用

图书馆的图书在提供给读者使用中,向读者提供一次文献(如借借还还),当然是图书馆的主要工作之一,但它不是图书馆工作的全部。图书馆对馆藏文献的深度开发,如开展专题服务,编制文摘、索引,撰写综述、评论提供给读者,在现代信息社会更能凸显图书馆的价值。而这一工作的开展,同样需要读者工作作为媒介。通过读者教育可以让读者充分了解图书馆所具有的功能、服务项目,图书馆这座信息的宝库肯定会得到社会大众更充分的利用。

三、我国图书馆读者教育的现状

1. 大多数公众缺乏对图书馆的了解

近年来，一方面国家投入了大量的人力、物力、财力，新建、扩建了图书馆；另一方面，图书馆事业的发展却陷入了困境。具体表现在：图书馆读者到馆率大幅下降，图书馆文献利用率也逐年降低。这固然与图书馆经费相对紧张，无法购得更多更新更好的图书来满足读者有关，更与图书馆未充分地宣传自己，激发人们的读书欲望，让更多的潜在读者转变为当前读者，充分利用图书馆这一社会文化教育机构提供的服务，也有着很大的关系。

在图书馆里馆员经常会发现，目录卡片被抽走了。有时读者拿着抽出的目录卡，不知道这卡片上的书在哪儿借？看来他并不清楚卡片的作用。至于不懂得查目录，不知道利用文摘、索引、参考工具书等二、三次文献的读者更是比比皆是。据调查了解，发现近70%的读者对目录的使用都是盲目和被动的，他们获取文献的效率极低，更不用谈对所需文献的查全和查准率了。几乎10%的读者除了阅览和开架借阅部分外，不知道还有目录、文摘、索引、参考工具书可以检索。而几乎100%的读者认为图书馆仅有提供借书还书的功能。这些很普遍的现象表明，读者对图书馆缺乏起码的了解，他们与图书馆之间的交流渠道不畅通，进而也说明图书馆的读者工作缺乏一个重要的环节——读者教育。

2. 图书馆对读者教育认识不够，读者工作有待加强

图书馆界过多地关注了图书馆内部事务的处理，对服务对象却过于忽视。图书馆界认为学术性、业务性最强的分类、编目工作是公众最不了解的东西。在所有图书馆，对外借阅部门的工作人员中，临时工作人员、学历较低人员所占比例总是相对其他部门多一些。这其实反映了图书馆界对读者服务工作的一种倾向性看法：读者工作并不需要什么高深学问。当然，读者教育工作也可有可无了。究其原因主要在于有关读者教育工作在图书馆读者工作中乃至图书馆事业的发展中的意义，并未引起足够的重视。

四、读者教育的原则

为了做好读者的教育工作，使读者教育活动取得良好的效果，我们在开展读者教育的过程中应该遵守如下的原则。

1. 计划性原则

读者教育是一项长期的教育过程，应该按照国家、地区、图书馆的实际

需要和具体情况，根据不同读者、用户的实际需求，制定出相应的长期规划和短期计划，并且应该认真按照目标，有计划、有步骤地组织开展工作，并根据工作效果及时反馈，调整工作措施和手段，以提高读者教育工作的效率。

2. 广泛性原则

图书馆等文献信息部门作为一种社会教育机构，具有明显的社会教育职能。它的教育职能的发挥在于提高全民族的素质水平。因此，图书馆等文献信息部门开展读者教育的范围应该是全体公民。在具体开展读者教育活动时，不但要对现实的读者进行教育，还应加强对潜在读者的教育，使他们早日成为图书馆的正式读者。

3. 针对性原则

图书馆等文献信息部门进行读者教育的对象是具体的读者和用户，而读者和用户的差异是错综复杂的。受年龄、性别、文化教育水平、职业、工作经验、情报行为等个人因素的影响，读者对文献信息的利用能力和利用效果都会有明显的差别。因此，读者教育的内容以及方式、方法，不仅会受到一定时期内科技发展水平的制约，同时也受到读者个人素质的影响。在具体开展读者教育活动时，除了考虑当前的经济条件和图书馆等文献信息部门的承受能力外，还要根据读者的个人素质，对读者进行必要的分类，并按照不同类型读者的基本需求确定教育内容和组织教育活动，力求有的放矢，取得最好的教育效果。

4. 灵活性原则

读者教育的方式、方法多种多样，如个别辅导、集中培训、参观、资料辅导等。究竟是采用何种教育方式最有效，还应取决于读者的数量、文化程度、个人素质，以及读者接受图书馆等文献信息部门教育的方便程度等诸多因素。在具体实施时，有时可以采用一种方式，有时也可以采用多种方式的组合运用。总之，要灵活运用各种方法，以进一步强化教育效果。

5. 系统性与循序渐进性原则

系统性是由科学本身的特点所决定的，任何科学知识都具有一定的逻辑性。系统性与循序渐进性原则反映了科学的整体性及其逻辑体系，以及人类认识活动规律的辩证统一关系。因此，在安排读者教育的内容时，应以相应的学科体系为基础，使读者获得系统的知识与技能。在采用具体的教学方式时，则要考虑循序渐进的要求，应由浅及深，由易到难，从而使读者所得到的知识不断地深化。

五、读者教育的作用

1. 图书馆日新月异发展的需要

图书馆的发展,是从一个为极少人享用的藏书楼演变成为一个为大众服务的文献信息中心;以收藏书刊为主体发展成为提供以多种媒体、尤其是以电子格式为媒体的信息;从封闭式的服务走向虚拟的信息服务。当代图书馆正以一个全新的面目跃进新世纪,一个个的图书馆正在被网络连接起来,信息资源的数字化、虚拟化,传播渠道的网络化、远程化,信息运作管理的电子化、自动化,信息处理服务的社会化、全球化已逐步形成。

这个变化是如此之大,如此之快,以至于许多读者来到图书馆会发出这样或那样的疑问"这些东西是干什么用的?怎么用?"等,图书馆的咨询压力也就越来越大。把对个别用户的逐一回答集中起来,加大咨询力度,延伸咨询的功能,这就需要图书馆积极地使用读者教育这个手段,来帮助读者了解、应用图书馆的新资源、新设备、新服务。教育要跟上,以使读者成为现代图书馆的能动和主动的读者,而不是望而生畏的逃兵。当前我国的图书馆正在进入这股现代化的洪流,以网络中心、图书馆为连接中心的信息基础设施给建设现代化图书馆创造了良好的"硬件",但如果没有读者教育的"软件",图书馆则只能是一台缺少动力的机器。

2. 知识创新和经济建设的需要

21世纪世界进入了知识经济时代。知识经济是以知识为基础的经济,这种经济的发展直接引领带动了知识和信息的生产、扩散和应用。它的基本特征是知识不断创新,高新技术迅速产业化,软件产品的比例、无形资产的比例大大增加,是一种知识密集型、智慧型的崭新经济形态。在知识经济时代,科学技术尤其是以信息产业为代表的高技术将日益成为经济增长中的首要因素,它对我们的现有生产方式、社会生活、思想方式,包括教育、经营管理以至领导决策等都将产生重大影响。

既然知识经济是以现代科技为核心并建立在知识的生产、处理、传播和应用基础上的经济,那么围绕以信息资源的收集、组织、整理和传播为活动中心的图书馆所面临的挑战是严峻的,机遇是难得的。有数据表明,一个研究人员的工作投入会有50%用于查阅各种文献资料,有32%用于研究,有93%用于书写论文报告,77%用于思考问题,也就是说他有一半以上的时间是用来与信息打交道的,他必须接受信息教育。信息读者教育已经渗透到社会经济生活领域的各个方面。

3. 人才素质培养的需要

为了培养高素质人才，我们要有若干具有世界先进水平的一流大学。这样的大学应该是培养和造就高素质的创造性人才的摇篮；应该是认识未来世界、探求客观真理、为人类解决面临的重大课题提供科学依据的前沿；应该是知识创新、推动科学技术成果向现实生产力转化的重要力量；应该是民族优秀文化与世界先进文明成果交流借鉴的桥梁。所以说，要加速知识创新、加快高新技术产业化的关键在人才。

学生的知识和能力在很大程度上不是靠灌、塞、填出来的，学生在校应该学会学习的方法，学校对学生必须加强科学基本知识和实验技术的训练，必须加强获取信息、处理信息、利用信息、交流信息能力的训练。独立研究的能力，知识自我更新与创造能力均与信息能力息息相关，因此信息能力的培养是学生综合素质培养的一个重要方面。

读者要达到自由地进行信息开发应用，则必须掌握信息源，了解信息资源的分布状况，了解信息网络的分布及网上信息资源范围，最好能熟悉各种信息机构，当信息需求产生时能主动用相应的信息对接。因此，现代技术条件下的读者教育的重要内容是向读者进行软件培训。当然，信息能力培养对于不同的读者采取不同的方式，图书馆应针对读者不同的信息能力，有针对性地开展培训活动，逐步提高用户群的信息能力。

第三节 读者教育的方式

一、读者教育实施步骤

实施读者教育，首先要进行调查研究，摸清读者最迫切需要的教育有哪些，列出主次，计划先后，摆正关系。其次要研究读者的经济、文化承受能力，选出最佳教育时间，分期、多批地由低级向提高级渐进教育。

1. 对知识群体进行辅助教育

所谓辅助教育，就是辅导该群体学会利用图书馆。辅助教育包括辅导读者了解图书馆藏书体系、藏书布局、地点、机构设置服务方式方法，了解图书馆现代化程度，使用计算机的服务窗口、联网程度、软件系统等；辅导读者掌握图书馆借阅规则、规章制度；辅导读者掌握各种工具书的使用方法，了解服务范围，以及复印、复制收费标准；辅导读者使用计算机，预防计算机病毒等。

2. 对中下文化层次群体的被动教育

被动教育，是图书馆根据社会发展的需要和读者群体素质实施的教育，图书馆主动进行，读者被动接受。被动教育除对读者进行辅助教育外，还应进行提高科学文化素质的教育，如举办大专班、中专班、成人补习函授班等，以提高读者科学文化素质；进行好读书、读好书的教育，掌握就业基本技能教育；进行精神文明教育，如学雷锋、学先进模范事迹、崇尚科学反对邪教等；国内外形势教育，如WTO知识讲座、西部大开发战略、对台湾关系等。

二、读者教育的方法

理想的读者教育是由两个单元即导向和授课组成的一个连续过程。导向，主要指引导读者了解使用图书馆的一般方法和有关的服务项目，以及某一图书馆的组织、结构和设施。授课，是指让读者学会使用专门学科范围内的可取得的情报源。如有必要，这两个单元也可以结合起来，它并不排除开设经过组织的课程等。实践表明，通过各种形式的读者与图书馆的接触，图书馆读者教育具有扩展性和整体性。此外，这种形式的读者教育将按照读者的需求促使把导向和授课结合起来。

图书馆读者教育的教学方法是整个教学方法体系的组成部分。它既有一般教学方法的共性，又有体现读者教育教学特点的个性。各个图书馆在开展读者教育的实践活动中，应注意从自身的主客观条件出发，有的放矢，做到系统性与针对性相结合。图书馆读者教育的教学方法作为一个完整的体系，它主要包括如下几个方面。

1. 授课法

授课法是教学方法体系中运用最为普遍的一种方式，在图书馆读者教育工作中，它也是最为主要的教学模式。由于授课是通过听觉和视觉的双重效应来达到传授知识的目的，所以它具有较好的教学效果，能够使读者在较短的时间内，系统地掌握有关的图书情报知识和提高文献信息的检索技能，从而按照读者教育的计划和要求，达到读者教育的基本目标。

授课法是一种重要的读者教育方法，然而它作为一种被动的授课方式，不利于培养读者的感性认识和动手能力。所以，像"文献检索与利用"这类课程的教学，单纯采用授课法是远远达不到目标的，必须辅之其他的教学方法，尤其要注重指导读者参加具体的实践，亲自检索和利用各类文献，才能达到事半功倍的效果。

2. 举办讲座

针对不同的短期教育，举办各种内容的讲座。通过讲座能在较短的时间内，系统地介绍某特定方面的知识。这种形式的弊端是不便使读者接受系列化教育。

3. 个别辅导

这是图书馆最早采用的传统教育方式，能及时解决少量读者在利用图书馆过程中遇到的困难，具有较强的针对性。但这种形式缺乏系统性，不能让读者获得较完整的知识。

4. 群体参观

这种形式主要是针对图书馆的新读者群，如入学新生，其目的是让读者尽快地熟悉图书馆，包括图书馆的环境、文献分布情况、目录设置情况、服务项目、规章制度等。参观过程中，读者有机会认识图书馆工作人员，促进他们积极主动地寻求图书馆工作人员的帮助。但是这种形式主要是给读者感性认识，既不便于详细介绍读者教育的内容，也不便于解决读者个人随时遇到的专门问题。

5. 视听法

近年来，在图书馆读者教育中，视听介质如电影、录像带、磁带、幻灯片和录音带的应用日益广泛。1982 年，INFUS 出版了《用户教育的视听教学方法：注释目录》和《用户教育和图书馆学方面的视听手段和计算机辅助教学软件的目录》，为这一领域提供了较新的材料。它使用灵活，既可用于小组教学，如作为讲课或讲习班内容的补充说明，也可用于个别辅导、备课，还可重复放映。它还可以随时使用，无论讲课教师或图书馆员是否在场，一有需要，学生即可使用。磁带和幻灯片易于放映，也便于收藏。其放映速度在小组教学时，可由讲课者控制；个人使用时，可由学生自己掌握。

6. 资料法

印发资料是一种书面教育形式，适用于没有集中参加培训的读者，也可作为参观图书馆或讲座形式的补充。材料的内容可深可浅、可专题、可系统。但是这种材料普及性强，不能顾及每位读者的不同特点，而且这种方式依赖于读者本身的积极性和阅读能力等，极容易因为读者的某种原因及材料的设计不当而达不到理想的效果。

7. 利用 Internet 多媒体

利用互联网交互性的特点，图书馆读者教育可以因地制宜，因时制宜，既节省人力，又提高教学效果。

20世纪90年代以来，新的信息技术、信息网络、电子出版物大量涌现，单纯的手工书本式的教学已不适应培养读者掌握信息知识的目标。图书馆读者教育也需要从网络、通信、数据库检索三个方面，全面讲授信息检索知识，使读者都能获得信息知识和信息检索与利用的能力。当前的读者教育有必要及时更新教学内容。仅就文献检索而论，以前仅局限于印刷型纸质工具书的使用查找，如百科全书、年鉴、专利、词典等，由于写作编辑出版的原因，与现状都有相当的差距。因此，教学内容则需要随时随地添加，从Internet上即可获得更新更全的信息。

图书馆读者教育可利用Internet掌握最新的学科研究动态，并进而补充和更新讲授内容。现在互联网上的信息检索工具很多，能方便及时地找到所需信息。不但网上新的信息内容可以检索，就是许多传统的工具书等参考工具也已有了网络版，可弥补现场讲授的不足。如果配备原书，不但价格昂贵，检索不便，还难以获得。应用网络试用版进行高校图书馆读者教育，既可以让读者学会检索方法，又能了解国外工具书的最新进展。这样，读者通过检索有关词条，可较好地掌握文献工具书的知识和电子文献的知识，为下一步的学习创造良好条件。

在科学技术迅速进展的今天，图书馆读者教育必须训练读者利用互联网检索所需文献信息的能力。在新的条件下，需要探索一条新的读者教育之路，使读者人人会使用现代化技术检索自己所需文献资料。在读者教育中工作人员都要及时把最新的信息技术介绍给读者。

互联网检索首先要使读者掌握门户网站的检索使用技术。现在互联网发展极快，以致没有人能够确切知道互联网目前的真实情况。在这种情况下，指导读者熟悉、掌握门户网站的使用检索方法则显得十分重要，因为门户网站是进入其他网站的捷径。学习过程可采取循序渐进的方法，先让读者熟悉、掌握国内门户网站的使用方法，再讲国外网站检索方法；讲清楚各种检索组合方法后，再讲有关检索结果的评价与筛选。从而使读者在使用的过程中掌握互联网检索的方法与技术。

其次要教会读者掌握搜索引擎的使用方法。搜索引擎对于查找专业资料，推动读者科研能力的提高非常重要。这也是图书馆读者教育成败的关键。在讲解时要做到深入浅出，结合实际，解决读者的问题。将搜索引擎的讲解应与读者本人的检索实践紧密结合，可起到事半功倍的效果。

在网络检索教学中要更加重视对读者实际操作能力的培养。可采取演示与读者上机相结合，尽可能使读者有实际的感性认识。

三、读者教育的时机

开设图书馆的导向和授课，应在读者感到有需要到图书馆去的时候。在读者产生需求知识动机的时候提供读者教育，才能收到最佳效果。高校图书馆和中小学图书馆的导向教育的最好时机是在新学年开始之时，那时所有可利用的设施正在向学生进行介绍。当学生正从事一项非图书馆的项目或课程，而又需要查找文献，这时开设情报检索课，其成功的可能性最大。这个过程称为同课程相关教育。另一个有关的术语是同课程结合教育，它是把图书馆使用教育密切地结合到非图书馆的课程中。在这两种形式的教育中，图书馆人员与院系教师是互相配合的，在同课程结合教育中尤其如此。

第九章 读者工作者的自身建设

第一节 读者工作者自身建设的意义与作用

新媒体环境的形成要求图书馆必须增加新的职能和手段，以适应信息时代的变革。作为图书馆各项工作中最活跃的、起决定因素的图书馆员，必须及时补充、更新、提高自身的知识水平和技能，以适应日新月异的图书馆事业发展的需要，成为21世纪图书馆的复合型人才。

一、图书馆面临的环境发生了变化

1. 信息技术对图书馆的外部环境影响

随着信息爆炸而带来的文献量的剧增，使全球所有的图书馆都不堪重负。现代信息技术是影响图书馆发展的最重要的因素，它以高密度的信息储存技术、高速度的信息传递技术，以及高效率、高质量的信息查询技术，改变了人们生产、收集、组织、传递和使用信息的流通方式。在我国，许多图书馆由于人力、物力、财力等多方面的原因，技术设备相当落后，与实现图书馆的自动化、网络化还存在相当大的距离。在人们获取信息知识的渠道和手段都有了极大扩展的情况下，图书馆面临着巨大的风险和竞争，传统图书馆的读者群被其他信息组织瓜分，而且又不能吸引潜在读者的光顾。这是信息技术对传统图书馆的挑战。

2. 传统图书馆内部环境面临的问题

高新技术的发展和多媒体的广泛应用，使图书馆从采访到流通一系列手工作业逐渐被电脑操作所代替，并且会将全方位实现自动化。多年来，纸质为主的印刷型信息源统治着图书馆的天下。如今，图书馆大量引进了新型载体，例如磁盘、光盘、录像、电子出版物以及加入信息高速公路，这些信息媒体不仅表现了科技进步，而且其功能是纸质文献所不能比拟的。图书馆的服务内容正在进一步拓宽，图书馆的工作除了对馆藏资源进行开发利用外，还必须对网上资源进行开发、管理和利用。图书馆为读者服务的重点将从

"物的传递"转变为"知识的传递"和"信息的传递",从提供原始文本信息服务向"信息咨询服务"转移,从服务的数量转向服务的质量,从被动服务转向主动服务。

但是,传统图书馆的运行机制是在计划经济体制下建立起来的,它的基本体制数十年来一直没有大的变化,从它的经费来源、用人模式、服务方式、技术手段乃至思维方式、为用户提供服务的质量等都存在明显的弊端。如果说在已往的年代还差强人意的话,那么在新的以知识为基础的时代将显得明显的落伍和不适应。图书馆界普遍存在的经费短缺、设备简陋、工作人员待遇低、素质差、队伍不稳、文献资源增长缓慢的状况,短期内也不会改变。近年来,各类图书馆读者人次和借阅册次逐年滑坡,藏书利用率仅25%左右。由于经费不足和一些不健康的思想一时泛滥,也导致了图书馆队伍不稳,致使图书馆工作蒙受损失,人才流失情况极为严重。

二、我国图书馆员的现状

改革开放以来,我国图书馆员的整体上有了较大的改观,但也还存在一些不尽人意和不容忽视的问题,主要表现在如下几个方面。

1. 思想观念的局限性

相当一部分图书馆员的观念仍然停留在简单的认识上,感觉自己是一个学术服务机构,与市场毫不相干。因此,图书馆的工作者不是依据市场所反映的社会需要来组织其形成的文献信息成果,不实现交换,有的文献资料或者被束之高阁,或者被无偿使用,图书馆失去了应有的活力。

2. 人员结构

图书馆大部分工作人员仅具备了图书馆专业知识,不能深入到文献的具体内容中去,没有成为专业文献信息与专业读者之间的纽带,因此,很难为读者提供广、快、精、准的高质量信息服务。

3. 外语、计算机能力

由于历史原因,相当一部分图书馆工作人员外语基础差,计算机水平偏低,"机盲"、"网盲"占有相当大的比例,这无形中影响了图书馆的发展,影响了对读者的服务质量。

总而言之,在图书馆工作人员中,高素质专业人才缺乏,绝大多数馆员仍处于单一操作型状态,他们竞争意识不强,效益观念淡薄,业务能力较弱,管理水平较低,对知识经济条件下图书馆业务建设中将出现的新问题、新情况辨别能力差，应变能力弱。如此情形的图书馆专业队伍，很难适应现代化技术高度发展的需求。因此，我们必须加大力度加强图书馆员的自身建设，重视继续教育，只有这样才能适应社会发展的需要。

三、图书馆员的自身建设存在的问题

1. 发展不够平衡

20世纪80年代以来，在图书馆界，全国性、地区性和系统性的图书馆工作人员学习班举办了很多，但是它的发展情况并不平衡。在图书馆领域，高校系统图书馆继续教育情况开展得最好，其次为科研系统图书馆，公共系统图书馆稍差一些，非三大类图书馆排在最后。学习班活动内容包括文献著录标准化、中外文期刊机读目录标准化、分类主题词表、微机应用、条形码图书馆管理系统技术、计算机互联网操作等培训班，图书馆科学管理、图书馆读者、文献检索与利用课教学等研讨班等。这些活动中除少数是中专和成人高校图书馆工作者之外，绝大多数属于普通高校图书馆人员，其他系统图书馆人员较少。可见，一般企事业单位图书馆员的继续教育，尚未引起足够的重视，图书馆员自身建设发展不够平衡。

2. 质量有待提高

过去数十年来，教育机构和学术组织所承担的各种形式的进修班、学习班、培训班、研讨班，在管理和教学中大都十分重视质量和声誉，而且能为图书馆员着想，做到收费合理、学以致用，受到大家的欢迎。但是近几年来，办班越来越多，学费越收越高，授课越来越少，有的教学点本身没有硕士学位授予权，却办起了硕士课程进修班和研究生班；有的单位办函授班，面授辅导其实是在走过场，教学质量得不到保证。另一方面，有的学生学习目的不明确，学习态度不端正，进修学习似乎只是为了混张文凭，而不是学习知识、掌握技能、增强真本领。这样的结果，无疑导致了继续教育的质量下滑。

3. 领导重视程度不够

我国的图书馆继续教育事业，近几年来发展很快，但是至今也未曾形成制度化和法制化。这与图书情报法规制度不健全、统一的管理机构未形成有很大的关系，也与各级领导是否重视有直接的关系。一些领导没有意识到继续教育在图书情报工作中的战略地位，他们比较重视不具备大中专学历人员的在职培训，对受过高等教育的人员只考虑专业与岗位是否对口，而再教育问题尚未被列入议事日程。还有的领导担心继续教育占用工作时间会影响工作，所以不提倡进修。这是狭隘的小农经济意识在作怪，如果不改正，只会

与知识经济时代的要求背道而驰。

人力的培养是一个人力资源的生产问题，目前我国图书馆专业人员的学历、职称结构已经发生了很大变化，高学历、高职称所占的比例越来越高。但是，专业人员的知识和能力却普遍不高。继续教育主要分三个方面：一是职业道德的继续教育，其目的是培养专业人员的敬业精神；二是知识教育，即所谓知识扩展和知识更新，其目的是提高专业人员的文化素质、科研能力；三是技术教育，其目的是增强专业人员获取、分析信息知识的能力，开发管理信息知识系统的能力，以及为读者服务的引导能力。过去我们谈到继续教育，往往强调知识、技术教育，而容易忽视职业道德的继续教育，这无疑是一种错误的倾向。现代化图书馆需要高质量的复合型人才，为取得图书馆事业的平衡发展，在现有资金不足的情况下，应该把有限的经费合理拔出一部分投入图书馆员的继续教育中。

转型期图书馆服务工作，因信息环境和技术手段的变化，服务工作增加了许多新的内容和技术含量，新技术已经开始影响服务水平，决定服务质量的高低。因此，转型期服务人员的素质至关重要。网络环境下用户仍愿意使用图书馆，除了图书馆收藏大量文献信息外，主要是用户希望得到图书馆员的帮助和专业指导，得到知识信息管理、知识导航、知识分类的能力。转型期的图书馆对服务人员的要求是多方面的，不但要掌握传统服务的技能，还必须掌握现代服务技能。主要有三方面：一是信息素养，信息资源整理等能力。二是信息技术，除一般的文化知识和专业知识外，还必须掌握计算机、网络、通信、多媒体技术。三是树立服务意识，参与市场营销。

图书馆员的知识能力、业务技能、专业素养是图书馆服务工作中最核心因素。在选拔、配备服务人员工作方面要有计划、有步骤、有目标。只有科学合理地使用人才，才能确保服务工作质量的不断提高。

图书馆服务工作正向服务对象多元化、服务方式全面化、服务内容专业化方向发展，所以服务人员必须是多层次的。他们应具备要熟悉馆藏、掌握信息检索技巧，要有广博的专业知识，要熟练掌握计算机操作和网络应用，要有与用户沟通的技巧等基本能力。

四、读者工作者自身建设的作用

现代人力资源管理的精髓是开发人的主观能动性和创造性，注重人的思想、人的潜力和人的创造力。也就是说，要把人作为一种重要资源加以开发、使用和管理，使员工能积极主动、有创新地开展工作。人力资源管理工作重点体现在对员工的继续教育与激励方面，并逐步由物质激励和制度调控手段转变为人性化的管理，考虑人的情感、自尊与价值，多激励、少惩罚；多表扬，少批评；多授权，少命令；发挥每个人的特长，体现每个人的价值，充分发挥学习型组织的优势。这是每个图书馆必须面对的管理变革。

市场经济越发展，人的社会化特征和人的个性化特征越突出。个人与组织之间是建立在双向选择基础上的平等契约关系，要通过我们的工作努力做到两个结合，即人力资源的开发与图书馆的发展战略相结合，个人的成长进步与图书馆事业的发展相结合。要形成广纳群贤、人尽其才、能上能下、充满活力的用人机制。把优秀人才吸引到图书馆来，营造一个鼓励员工干事业、支持员工干事业的人才机制。要使更多的员工实现对自身能力的真正占有，提高员工的整体素质，更好地调动和聚集员工的智慧，使之化为推动图书馆工作和事业发展的巨大动力。使图书馆在发展经济、全面建设小康社会中发挥更大的作用。

第二节 读者工作者自身建设的内容

一、读者工作者应具备的基本能力

图书馆服务工作正向服务对象多元化、服务方式全面化、服务内容专业化方向发展，所以服务人员必须是多层次的。文献提供人员应是参考型、研究型的，一般服务人员则是技工型的。他们应具备如下基本能力。

第一个基本功：要熟悉馆藏，掌握信息检索技巧。服务人员应有在图书馆多个环节工作的经历，了解文献和信息的采集、加工、流通、检索、典藏的规律；应有在不同服务环境中工作的经历，了解不同服务界面、不同层次用户的需求规律。

第二个基本功：要有广博的专业知识。信息需求的多样化，对图书馆服务人员提出较高的要求，图书馆员要在服务中不断学习各种学科知识，掌握先进的检索技术手段与获得各类知识的技巧，成为真正的"信息导航员"；要特别注意在实践中积累，向用户学习。

第三个基本功：要熟练掌握计算机操作和网络应用。网络技术、通信技术、多媒体技术、计算机技术与信息工作的结合越来越紧密，各种技术的飞速发展，对图书馆员提出了新的要求，转型期的服务工作需要大量掌握新技术的服务工作人员。

第四个基本功：要有与用户沟通的技巧。图书馆服务工作已经辐射到社会的每一个角落，服务的受众面十分广泛，需要与各种各样的人打交道，因此，图书馆工作人员学习和掌握与用户沟通的技巧十分重要。

二、读者工作者应具备的素质

素质，是指事物本身具有的性质和素养，包括质量和平日修养。素质是一个由品格、知识、技能、能力等组成的多要素、多层次的综合体。图书馆员是图书馆的基本细胞，馆员的素质问题关系到图书馆事业的兴旺发达。馆员素质好，工作效率就会高，社会效益也会大。所以，图书馆的生存与发展，从根本上依赖于图书馆员整体素质的提高。

1. 综合素质

在各种素质中，丰富宽厚的知识基础，全面扎实的基本技能，是专业素质和科技素质的基础。馆员不仅要有较强的获取知识、信息和掌握检索信息的能力，而且要有将各类知识信息进行新的组合，创造出新的方法、思路，提出新的设计、新的创意和模型的能力。在科技素质中，馆员应成为一专多能的应用型人才。作为能帮助人们解决一些问题的馆员必须有一张"多用通行证"，不仅需要在一至两个领域里具有专长，而且对其他领域也必须有所了解。即馆员的知识结构应迅速转变，由原来的"专才"单一型向"一专多能"的复合型转变，以适应知识经济时代发展的需要。作为多元知识型的人才，馆员的知识结构内容应包含如下几种。

一是掌握图书情报学专业理论知识和技术。图书情报专业是建立在图书馆学、信息情报学、分类学、目录学、计算机学等多学科理论基础之上的，馆员必须具备和精通这些学科的理论知识，这是对馆员胜任工作的基本要求。只有这样馆员才能适应电子化图书馆的要求，独立进行文献信息的采集、加工、整序、保管、流通、提供信息并使之有效利用等业务工作。

二是熟悉与自己相关的其他专业学科领域的基本知识。在高度信息化的社会，图书馆为实现知识、信息的交流传播以及信息咨询的专题定向服务，对图书馆员提出了新的要求和挑战。如果图书馆员缺乏相关的专业领域知识，就难以协助科研人员进行情报调查分析、预测和专题文献检索。随着交叉学科、边缘学科及新型学科的不断出现，还要求馆员能掌握更广博的学科基本知识。

三是具备一定的外语知识。随着网络化的进一步扩大并与国际接轨，图书馆员向读者提供的信息不仅仅是中文，面对眼前的外文，如果不能阅读和理解，就等于失去了交流的能力。阅读外文资料是获得信息的基本途径，作为信息交流中介的图书馆员必须具备一定的外语知识，掌握1~2门外语并熟练编译报道文献资料，准确提供国际间的信息交流服务。

四是掌握计算机技术。进入了21世纪的图书馆，它的服务内容已经不仅仅局限于传统的图书借还或面对面地读者服务及咨询，而是利用新的技术设备为用户提供新的服务。计算机的操作应该成为图书馆工作人员必须掌握的基本技能之一，此外，还应该掌握机读目录、多媒体光盘、国际联机检索终端等现代检索工具，并对它们进行协调管理。

2. 人文素质

在知识经济时代，从事图书管理的服务人员，首要的就是要学会做人，要有崇高的价值观念和人文精神来主宰知识经济的发展。良好的政治思想与职业道德素质，是馆员的灵魂和指导方向，图书馆员应以马列主义、毛泽东思想、邓小平理论为指导，忠诚于图书馆事业，热爱图书馆工作，具有敬业开拓、拼搏进取精神，读者至上、服务第一的工作态度，要有甘为人梯、无私奉献的高尚情操。

创造型馆员与科技素质和人文素质是交互作用、有机结合在一起参与创造性活动的。优良的品质、浓厚的兴趣、坚强的意志、强烈的成就欲望、高度的事业心和责任感往往可以起到不断开发智力潜能的作用，并且在相当程度上促进科技素质和业务水平的提高。另外，很强的人际协调能力可以帮助馆员获得有用的知识信息，可以使自身的能力在组织中得以更好地发挥。知识经济社会还需要馆员具有很强的耐心和坚韧的性格，因为激烈的社会竞争，会使人们遇到各种意想不到的困难和挫折，如果没有面对挫折的心理承受力，是难于在克服困难和挫折中取得成功的。

中国图书馆传统文化深厚，但现代化程度较低，图书馆事业基础薄弱。所以，作为一名图书馆工作人员，面对知识经济的到来，要承认落后，但不甘于落后，既不能好大喜功，又不要妄自菲薄，要立足于勤，持之以恒。要厚积薄发，在困境中求生存，在落后中求发展，努力塑造知识经济时代中国信息专家的新形象。在具体的工作中，我们就要有积极主动的服务态度和无私奉献的精神；要树立全心全意为读者服务，读者至上的服务思想，发扬甘为读者做人梯的精神，踏踏实实工作，干一行、爱一行、钻一行，为自己的职业奋斗终生。

3. 学习能力

科学技术正把我们带入一个全新的时代，在这个时代里，人类知识的创造和积累都在加速发展，计算机的信息网络使得知识信息的传播手段发生了革命性的变化，知识老化周期加快，职业更替频繁，各种信息变幻莫测。一个馆员无论他所具备的知识多么"现代化",多么"新颖",但依旧会过时。所以,伴随着知识经济时代的到来,终身教育的兴起成为必然,学习将伴随人的一生。馆员学习能力体现在:一是更新自己原有专业知识的能力;二是学习新知识的能力;三是综合各门学科的能力;四是开展科学研究的能力。馆员在加强图书情报管理、图书馆方法研究的同时,又要在自己所学学科的领域里有所建树,能开展广泛深入的学术研究,并取得相应的成就,这对培养馆员的自信心、确立成就感、稳定队伍显得十分必要。

三、读者工作者自身建设的内容

1. 思想道德、政治观念

读者工作者的政治思想修养,指的是读者工作者应具备的马克思主义的理论知识、政治理论水平和政治思想觉悟。作为读者工作者,只有有较为扎实的马克思主义理论基础,才能运用马克思主义的立场、观点、方法去观察事物、分析矛盾和处理问题,指导自己的工作实践。此外,还应具有全心全意为人民服务的精神和干劲。

2. 职业道德、事业心

在当前情况下,强调图书馆职业道德教育有着特殊的现实意义。在计划经济体制下,社会各行各业的经济收入区别不大,图书馆还是一个比较稳定、令人向往的职业。经济体制的改革,市场经济的浪潮,打破了图书馆员原有的心理平衡。由于物质条件、经济收入与一些行业相比反差太大,形形色色的价值观涌入了图书馆,使一些人对图书馆这个曾经令人神往的"知识殿堂"产生了怀疑和动摇,职业道德信念产生了危机。

在这种情况下,除了尽力改善物质条件外,还应使图书馆员树立正确而又合乎时代发展的价值观,进行图书馆职业道德教育。图书馆是人类知识的宝库,是丰富的智力资源,它所担负的多重职能是通过图书馆员的工作得以实现的,图书馆员的工作是一种知识性的服务工作,是一项崇高的职业。它高尚但清贫,伟大而无权势,其职业的价值是通过读者、用户获得和利用文献来体现的。因此,图书馆员必须有甘为人梯的无私奉献精神。应制定图书馆员职业道德规范,要求图书馆员对工作,忠于职守,精益求精;对文献,要爱护、善于加工、开发利用;对读者用户要满腔热忱,全心全意为读者用户服务;对同事,要严于律己,宽以待人,顾全大局;对兄弟单位要精诚合作,公平竞争。

3. 业务知识、常识

专业知识是图书馆员开展高层次信息服务的必备条件。只有掌握某一方面的专业知识，才能深入到文献的具体内容中，才能很好地开发文献信息和服务于相应专业读者，成为用户之间的中介和纽带，为读者用户提供广、快、精、准的高质量信息业务。图书馆业务知识包括多方面，因此，图书馆员除掌握图书馆的业务技能外，还应了解新兴学科的知识，改变自身知识结构单一的现状。在掌握某一专业知识的基础上，再兼顾第二、第三专业知识的学习，努力将自己培养成一专多能的复合型人才。

丰富、精深的图书馆专业知识和过硬的技能是新世纪图书馆员应具备的基本条件。随着学科的发展，图书馆学理论也不断发展，图书馆专业知识如图书分类法、图书编目规则等都在不断补充、更新。要根据图书馆员从事的岗位，加强专业知识培训，激励每个图书馆员刻苦学习，打好知识基础，不断探索、补充、更新知识，以满足读者日益增长的需求。

4. 文化知识

信息时代的社会读者文化层次不断提高，知识覆盖面越来越广，这对图书馆服务的广度和深度提出了更高的要求，使得图书馆员必须有广博的知识储备，包括哲学、数学、文学、心理学和公共关系学等多方面的知识，文化知识越广，工作越能得心应手。

5. 信息能力

人类社会步入信息化社会，信息日益成为社会发展的决定性力量和主导因素，信息需求将成为人类生存发展的一大基本需求。因此，培养良好的信息素质，具备敏锐的信息头脑，研究和了解信息的性质及作用是每个人所必需的。这一点对作为信息服务工作者的图书馆员来说，显得尤为重要。信息素质可理解为在信息社会中个体成员所具有的各种信息品质，它包括信息智慧（涉及信息知识与技能）、信息道德、信息意识、信息觉悟、信息观念、信息潜能、信息心理等。信息素质教育有助于推动全社会的信息化进程。信息素质教育内容涉及面较广，要做好这方面工作应从以下几方面入手：一是信息意识教育。它包括信息主体意识、信息获取意识、信息传播意识、信息保密意识、信息守法意识、信息更新意识等，其中信息主体意识教育应是信息意识教育的一个重点。二是信息道德教育。其目的是促使大家遵循一定的信息伦理与道德准则来规范自身的信息行为与活动。在信息活动中，坚持公正、平等、真实的原则，尊重他人知识产权，正确处理信息创造、传播、使用三者之间的关系。三是信息观念教育。主要是指信息价值观念教育，树立"信息就是资源"、"信息就是财富"、"信息是商品"、"信息有偿"等基本的信息价值观。

6. 创新观念

江泽民同志指出:"创新是一个民族进步的灵魂,是国家兴旺发达的不竭动力,如果自主创新搞不上去,一味靠技术引进,就永远难以摆脱技术落后的局面,一个没有创新能力的民族,难以屹立于世界先进民族之林。"可见,一个国家和民族的创造水平如何,已成为决定其荣辱兴衰的重要因素。图书馆正面临着时代变革所带来的严峻挑战,图书馆要求生存、求发展就必须运用创造性思维,要把图书馆员培养成能够开创新局面、勤于思考、勇于创造、富有献身精神的创造型人才。

7. 计算机、外语能力

在和平与发展的总趋势下,世界性的经济腾飞、科技进步使国际间的交流与协作日益频繁,各种语言文字的文献将大量产生,掌握一至两门外语已成为现代化图书馆员工作所必需的技能,尤其是大、中型图书馆要有计划地组织在岗人员学习外语。

随着"信息高速公路"的问世,全球实现信息资源共享网络化,图书馆实行馆藏多媒体化、信息数字化、管理手段计算机化。计算机的广泛使用,要求图书馆员必须在计算机的理论、操作、维修、软件研制开发等方面占有一定的知识量,必须扫"机盲",使计算机成为得心应手的工具。因此,图书馆员必须在继续教育中补上计算机知识和技能这一课。

第三节 读者工作者自身建设的方法

一、继续教育的对策

1. 思想上重视

图书馆员继续教育应当从图书馆发展的战略高度来认识。图书馆工作水平和社会地位的高低,取决于图书馆员思想和业务素质的高低,图书馆在未来社会中的竞争是人才的竞争,而人才的竞争则取决于图书馆在继续教育上付出的努力和成本。因此,开展继续教育,从中受益的不仅是图书馆员个人本身,它将对一个图书馆乃至整个图书馆事业产生不可估量的影响。我们必须大力宣传继续教育的重要性、紧迫性,树立危机感、生存意识和竞争意识,提高图书馆员对继续教育的认识,积极主动参加学习,接受继续教育。

各级领导也应充分认识到培养跨世纪图书人才的紧迫感和使命感，要具备新世纪要求的思想意识，有目的、有计划地安排工作人员进行继续教育。同时，各馆根据自己的实际情况，制定有关的规章制度，辅以一定的奖励手段，将每个工作人员接受继续教育的效果作为考核、晋升的依据之一，只有这样，继续教育才会收到良好的效果。

2. 成立执行机构

有了立法和规章，还须健全执行机构，以保证继续教育法规的贯彻实施。目前，我国大多数图书馆尚未设立继续教育的专门机构，一般是由馆长办公室、馆人事部或辅导部等部门代管，且以兼职为主。继续教育被放在一个无关紧要的位置上，这种抓而不紧的做法，是搞不好继续教育的。大型图书馆应当设一个专门的继续教育机构，配备专业管理人员，该机构负责继续教育的宣传、组织和管理工作；负责制定切实可行的人才培训的长远规划和短期计划，避免盲目性；负责组织师资、教材、教学安排、教学场地；根据接受继续教育对象的层次、方向确定学习的内容、模式；协调继续教育与日常工作之间的关系等工作。

目前我国图书情报系统还缺乏一种横向协调机制，表现在图书馆员继续教育上，则形成了各行其政的现象。因此，我们有必要吸取先进国家的经验，建立权威性的图书馆员继续教育协调机构，进行全国性的系统建设，加强横向合作，形成合理高效的继续教育体系。

3. 制定必要的法规制度

为保证继续教育有效稳步地进行，必须制定相应的法规制度。从国外的经验看，继续教育搞得好的国家都是由于立法保护的结果。美国国会于1976年通过了《终身教育法》，法国于1981年颁布了继续教育法规，澳大利亚政府规定图书馆员每周在工作时间内有5个小时的学习时间，日本在《图书馆事业基本法纲要》中规定：专业人员为了完成工作任务，必须经常钻研业务和进修提高。在我国，国家科委科技干部局制定的《科学技术干部管理工作试行条例》中规定："对于助理研究员、工程师、讲师以上的科学技术干部或相当于这一级的其他科技人员，一般每三年给予三个月的进修期。"可见，继续教育得到政府和社会越来越多的重视。但从长远的观点看，要保证图书馆员继续教育顺利进行必须通过立法来完成。草拟中的《图书馆法》应对图书馆员继续教育作专门详尽的规定，各图书馆应制定适合本馆的继续教育的政策来强化和规范图书馆员继续教育，并自觉地贯彻执行。

4. 建立继续教育考核评估体系

继续教育考核评估体系的建立，有利于保证继续教育的质量，促进继续教育事业的发展。要充分调动图书馆员的学习积极性，激发其学习的欲望和觉悟，必须引进激励机制，对继续教育进行考核评估。应设立图书馆员继续教育档案，除日常考评、考勤外，应记载参加继续教育学习的课程、学时、考核成绩，制定图书馆员继续教育总结考评办法，并把继续教育与图书馆员的评职晋级、奖励等联系起来，以学业成绩优劣给予不同的奖励。另外，要不断总结经验，注意收集继续教育效果的反馈信息，以便不断发现问题，改进工作，把继续教育工作引向深入。

5. 内容、方法不断改进

图书馆包含有不同层次的人员，不同层次的人员则应有不同的教育目标，不同的教育目标就应有不同的教育内容和方法。因此，我们应根据图书馆工作的具体需要和专业技术人员的知识、能力结构的欠缺程度来确定教育内容，针对不同层次的需要，采取不同的教育方式，以便使每个人的才智潜能都能够得到充分的发挥。具体到当前我国在职图书情报人员的继续教育，其教育内容可分为补缺型、更新型和拓展型等类型。

（1）补缺型继续教育

图书情报学是一门应用型、工具性的学科，只有与其他科学技术紧密结合起来并应用于各专业领域，才能充分发挥其作用。在职的图书情报人员由于专业基础不同，补缺型的继续教育内容也不一样。其中，近年刚走向工作岗位的图书情报专业毕业生，虽然初步具备了图书情报专业知识、外语与计算机知识、信息商品经营及住处机构管理知识，但其缺点是缺乏非图书情报专业的专业知识。而老工作者虽然有丰富的社会经验，但缺乏系统的专业知识，补缺型继续教育正好弥补这方面的缺陷。

（2）更新型继续教育

随着信息社会的高速发展及网络环境的产生，出现了全新的信息交换方式，使人类的信息交流方式发生了根本性的变革。图书馆作为信息交流机构，面临服务理念、服务模式、服务手段多方面的新碰撞，遇到了前所未有的新问题和新矛盾。图书馆员必须随时更新自己的知识结构，才能适应社会的发展。

（3）拓展型继续教育

未来的图书馆是多功能、电子化、网络化、让所有人充分享受人类精神财富的机构。未来数十年将是中国图书馆事业逐步走向繁荣的时期，图书馆人应放宽思路，紧跟时代的步伐，在发展传统图书馆事业的同时，拓展图书馆发展方向，使图书馆走多元化的发展道路。

二、继续教育的途径

继续教育是终身教育的一个组成部分，通过对已具有一定学历的在职人员的再教育，使受教育者能够提高原有学历或获得某种资格。20世纪80年代以来，随着国家经济和教育事业的发展，图书馆学业余教育、成人教育、继续教育事业有了很大的发展。其办学点已经从50、60年代的几家比较正规的教育机构和一些中心图书馆委员会，发展到目前有众多院系、图书馆学会、一些文化教育主管部门及某些大型图书馆等办学点，基本上形成了全国性、地区性和系统性的继续教育网络。继续教育是一种体系，它既包括学校教育，也包括社会教育；既包括在职教育，也包括职前教育；既包括非学历教育，也包括学历、学位教育。图书情报人员的继续教育，由于人员数量众多、工作岗位不同、需求不一样，因而办班类型多种多样。既有学历教育的函授班、电大班、业大班、专业证书班及研究生班；也有非学历教育的岗位培训班、干部进修班、高级研讨班等。各种类型的学习班、培训班是正规基础教育的有力补充，弥补了图书情报工作者所欠缺的图书情报和计算机等方面的知识。

1. 在职学习

在职学习指的是不脱离工作岗位的学习，如报考在职研究生、电大、自学考试等。这种学习方式需要的时间较长，是系统学习和提高某一门专业知识最普遍的途径。

2. 专题讲座

专题讲座是针对某一方面的问题，请专家为大家讲课，如文献编目、文献检索、数据库建设、网页制作等。专题讲座可在一个馆内部举行，首先有计划地制定出一个系列，分成各个专题，然后一个专题由一人或多人主讲，大家都有机会做老师。这种方式，有利于形成自我学习进修的压力，可以在图书馆内训练出一批精通不同专题的"专家"，也有利于图书馆发挥和使用人才，对于全体图书馆人员综合素质的提高大有益处。

3. 参观访问

参观访问即组织人员有目的地到国内外参观访问，或组织安排交换馆员，到一些先进的或某些方面有特长的图书馆作短期工作和学习。使参观访问者开阔视野，吸取经验，充实提高。

4. 撰写学术论文、参加学术会议、举办知识竞赛

图书馆学是一门实践性很强的学科，非常需要理论与实践的结合，图书馆人员撰写学术论文，参加学术会议，举办知识竞赛，可以提高自己研究问题的能力，也有利于本学科的发展。

5. 岗位轮换制

图书馆的各项工作既是有区别又是互相联系的，定期进行岗位轮换，对馆员是一种激励，也是一个实践的机会。通过岗位轮换可以使馆员学习图书情报专业知识，系统掌握图书馆工作流程，提高服务质量，对于培养一专多能的人才也是行之有效的办法。

三、应注意的问题

1. 目的性

继续教育的目的是提高图书馆工作人员的整体素质，优化图书馆人员的知识结构，提高员工的创造力。图书馆员的继续教育要有全面规划，根据图书馆工作的实际情况，制定出近期和远期的培训规划，使继续教育避免在培训工作中的盲目性和随意性。每个图书馆注意处理好培养和使用的关系，培养是为了更好地使用，使用则必须注重培养。继续教育要从实际出发，根据不同的对象，确定不同的培训内容和培训方式。

在一段时间里，我国的图书馆专业大专院校和各类学会开办的函授学校、专业证书班、短期培训班，曾经在图书馆掀起过继续教育的热潮。但有的明显带有功利色彩，人们追求的是文凭、是学历。因此，我们应该摆正继续教育的目的，走出目的误区，这是搞好继续教育很重要的一个环节。

2. 针对性

继续教育要有针对性，讲求质量和效益，也就是教育内容要理论联系实际，要跟上时代的步伐，增大相关技能技术的比例，做到学以致用。

3. 制定计划

在继续教育工作中，我们应该从本馆实际情况出发，制定相应的培训计划，根据本馆3～5年的发展目标，结合馆员现有的知识结构，制订出人员培训和继续教育方案，使图书馆人员的继续教育有计划、有目的地进行，真正发挥出继续教育优化知识结构、提高整体素质、改进工作质量的作用。

附录1 《图书馆学五定律》简介

探讨图书馆服务精神当首推阮冈纳赞的《图书馆学五定律》,它不仅是图书馆学的奠基之作,也是图书馆服务精神的最高体现。尽管该书写于20世纪20年代,可其倡导的服务精神仍然值得现代每位图书馆员用一生的时间去体验。

阮冈纳赞生于印度的马德拉斯市。1909~1916年在马德拉斯基督学院专攻数学。1917年取得该学院的任教执照,并在班加罗尔政府学院数学系任助理讲师。1921年任该校数学系副教授。1923年11月,担任了马德拉斯大学第一任图书馆馆长,从此开始了他的图书馆生涯。1924年,他到伦敦大学学院图书馆学系进修。阮冈纳赞经过3年的思索和实践,最终提出了《图书馆学五定律》,并广泛地进行解释和宣传,为图书馆学的理论建设作出了卓越的贡献。

一、第一定律:书是为了用的

与任何其他学科的第一定律一样,图书馆学的第一定律包含着一个基本法则。或许有人会觉得它微不足道,但这是所有第一定律的一个永恒不变的本质特点。图书馆学的第一定律为:书是为了用的。没有人会对此定律的正确性表示怀疑。然而,实际工作中却是另一回事。很少有图书馆管理者们将它牢记在心。

现代图书馆突出以"用"为主的原则,藏书流通量的大小、藏书利用后的社会效益和经济效益的高低,首先取决于读者的满意程度和利用程度。但回顾一下中国古代与西方的图书馆史中精细保存图书的方法,便可推论出,长期以来,图书馆学的第一定律并未引起人们的重视,"书是为了保存的"取代了"书是为了用的"地位。

"书是为了用的"这一定律为削弱传统"书是供保存的"进行了不懈的努力。这一过程可以归纳为几个阶段:首先,解除了那些拴书的链条,但此时只有经过挑选的少数人可以借阅图书。接着,开始允许有支付能力的人们借阅书籍。而后来发展到免费向所有的人开放,但只在图书馆允许的范围内使用。也就是说,先是受优惠的少数人,而后是有支付能力的人,再以后向所有的人免费提供。

"书是为了用的"这一定律对于图书馆开馆时间产生了深远的影响。只要传统的保存观念占上风,这一定律就不会被人们广泛接受,那么图书馆闭馆的时间就会比开放的时间还要长。这样,与其说它是为读者或藏书而开放,倒不如说是为了蛀虫和封满书籍的灰尘而开放的。

"书是为了用的"这一定律搭乘现代科学技术的快车使图书馆的开馆时间发生了巨大的变化。由于电灯和其他设备仪器的出现,现在的图书馆开馆时间不仅始终如一,而且相当长。大多数图书馆采取了一周7天,每天从早晨8点到晚间10点的工作时间;而网络的发展,使开馆时间继续延长,数字图书馆的出现实现了7/24的开馆时间,即每周7天,每天24小时的服务。

下面我们看一下这一定律对于图书馆设备的影响。起初,在"书是为了保存的"信条占统治地位时,图书馆设置书架完全是为了存放图书。在最小空间原则的限制下,书架的高度完全取决于天花板的高度,就连一英寸的垂直的纵向空间也不能浪费。与此同时,贯彻最小空间原则的另一个推论是除了最低限度的空隙之外,一英寸的横向空间面积也不能浪费。这就要求书架间的通道尽可能狭窄,窄到只能容许一个人通过。最低费用原则要求阅览室的设备在实际许可的限度内尽可能的简单而便宜。读者不要指望有舒适的环境。在阅览室里也不需要任何其他设备。但是图书馆第一定律的出现给了最小空间原则和最低费用原则以令人欣喜的改观,使它们焕然一新。现在,我们所见到的图书馆都有宽敞的书库,书架的高度也越来越低,都有舒适的阅览环境,这一切不能不说得益于《图书馆学五定律》中的第一定律。

讨论完第一定律对图书馆开馆时间和图书馆设备的影响,我们就要转向图书馆的工作人员了。可以说,第一定律的问世给图书馆工作人员带来的影响最大。"书是为了保存的"到"书是为了用的"意识形态的转变,使图书馆工作人员也由早期的"保管员"、"看门人"到现在的"参考咨询员"、"学科馆员"。这一过程并不是一蹴而就的,事实上,在图书馆的发展中,为适应"书是为了用的"这一概念的需要,图书馆的工作人员们已做出了很大的努力,并仍在不断前进。

二、第二定律:每个读者有其书

图书馆学第二定律继第一定律之后又将图书馆革命推进了一步。如果说第一定律取代了传统的"书是为了保存的"概念,第二定律则拓宽了"书为选定的少数人"的概念。如果说第一定律强调的是书,第二定律则强调了书的使用者。如果说第一定律打开了现有图书馆的大门,第二定律则孕育出一批新的图书馆问世,并开创了新型图书馆的文化。

图书馆学的第二定律确切表述为"每个读者有其书",这里"每个"和"其"这三个字是第二定律的涵义的奥妙所在。强调"每个"并不好似要求图书馆的藏书做到"大而全"或增加复本量。就这一点在图书馆界已逐渐意识到问题所在。而强调"其"则使图书馆工作人员的任务并非仅限于进行简单的借借还还,他们的任务还要了解读者,了解书籍,并积极地帮助每个读者找到他们所需要的书,这便是所谓的"咨询服务",由此也兴起了"学科馆员"。

第二定律也要求读者记住,此定律不仅为维护读者个人,而且也为维护其他读者的利益和权利。我们知道,几乎任何一所图书馆都不可能备有图书的许多复本。因此,只有每个读者都牢记他并不是该图书馆的唯一读者,才能做到"每个读者有其书"。

三、第三定律:每本书有其读者

现在我们来研究第三定律。它是从书的角度来阐述问题的,这一点与第一定律有些相似。从某种意义上说,它是第二定律的补充。第二定律关心的是为每一位读者找到合适的图书,而第三定律则要求为每本书找到它合适的读者。实际上,第三定律表述为:"每本书有其读者。"

图书馆为满足第三定律所采用的主要手段是开架制。其他比如排架、编目、参考服务,以及开办一些大众服务部门,宣传推广等,都是满足第三定律要求的手段。

"开架"意味着读者可以像在自己私人的书房里一样自由地翻阅藏书。在一个开架图书馆里,允许读者直接进入书库,寻找所需要的图书。从图书馆的发展历史我们已经知道,图书馆并不是一开始就实行开架制。自图书馆允许读者借阅图书起,首先经历了闭架制度,即读者可以到图书馆前台,但不能进入书库。读者可以提出自己想要的书,图书馆工作人员会为他们去找。很明显,闭架借阅系统有缺点。为了很好地理解它,我们可以用商业中的例子来做类比。在一个老式的杂货店,你站在柜台的前面,拿着你的购物单,一个一个告诉售货员你要什么,他相应地从货架上取货给你。而在一个超市里,你自由地在满载商品的货架间走动,看到琳琅满目的商品,你会选择超出你所列购物单的商品。这种情况在图书馆里也是一样的。在旧的闭架系统中,只有有限数目的书被借阅过,许多好书躺在书架上,落满灰尘,这是资源和公共财产的巨大浪费。凡亲身经历过图书馆从闭架制发展到开架制的人,都能够体会到开架制对满足第三定律所起的巨大作用。开架制可以提高图书利用率,这已是人们所共知的常识。

即使在一个开架借阅的图书馆里,第三定律能否成功地实现还取决于图书排架原则。在通常情况下,一本书被什么类型的读者所利用,不取决于该书的开本或著者(文学书除外),而是取决于该书的内容主题。因此,如果要使图书得到一个合适的机会被读者利用,就应当按该书的内容主题排架。在早期书目式分类表出现之前,一些图书馆曾尝试用一种名为"固定排架法"的系统,即每一本书在上架时,要在指定书架留出一个特定的位置,并给出位置号。这个位置号与书架的位置相关,而与书的主题无关。随着图书馆学的丰富与发展,图书分类法也得到完善。现在,体系分类法和分面分类法已为全世界大多数图书馆使用,这两种分类法不仅益于编目,而且利于排架。

四、第四定律:节省读者的时间

"节省读者的时间",这就是图书馆学第四定律。也许这个定律不像其他定律那么显而易见。然而,它已经推动了图书馆管理方面的许多改革,并有引起未来更多图书馆革命的巨大潜力。

可能导致读者在查找资料浪费时间的一个因素是由于大多数图书在内容上具有综合性的特点,毕竟并不是所有的图书都是专著。通常一个很有价值的专题是论述其他题目的书中的一个章节,有的甚至只占几页。就目前图书馆所做的目录中,每一种书只有一条目录,没有相关的参照分析。那么,读者要想得到他所需要的全部文献资源,只有逐一查看每一本书,才能确定它是否包含关于自己所研究课题的信息。显然,这不符合第四定律。即使图书馆有不同学科的工具书,但对于普通读者来说,要充分利用这种省时又具备众多优点的工具书也不是一件轻而易举的事。由于图书馆员不仅能比读者更加精确,也能比读者更加迅速地使用书目工具;加之他们知道图书排列的规则,熟悉目录的来龙去脉,他们能得心应手、迅速地使用各种书目索引。因此,为实现第四定律,就需要图书馆员对读者进行个别指导。时至今日,这也成为参考馆员的部分职责。

五、第五定律:图书馆是一个生长着的有机体

第五定律指出,图书馆是一个生长着的有机体。生长着的有机体能独自生存,停止生长的有机体将会僵化,甚至死亡,这是公认的生物学事实。第五定律使我们注意到这样的事实:作为一种机构的图书馆具有生长着的有机体的一切属性。生长着的有机体吐故纳新,改变规模,不断更新它的形状和结构。派生出偶然因素引起的变化,从属于一种缓慢、连续的变动,以至于

达到生物学术语中所谓的"变异",从而进化成新的形式。

对于图书馆学第五定律引起的变化,从图书馆产生至今的历程就可以做很好的说明。无论是图书馆学本身知识体系的不断完善,其中尤其是图书分类法在编制中贯彻的扩充性和容纳性,还是图书馆适应时代发展,依托现代科学技术出现的所谓数字图书馆、虚拟图书馆等,以及现在讨论最激烈的图书馆服务,都充分证明了图书馆是一个生长的有机体。

正如前文所述,图书馆学五定律就是:书是为了使用的;每个读者有其书;每本书有其读者;节省读者的时间;图书馆是一个生长着的有机体。

经过70余年的时间考验,人们发现这些定律中的真谛不仅适用于昨天图书馆事业,而且同样适用于今天、明天的图书馆事业。

附录2 《未来的图书馆：梦想、疯狂与现实》评介

1997年，《未来的图书馆：梦想、疯狂与现实》一书出版，被誉为理性审视图书馆过去与未来的上乘之作，该书作者沃尔特·克劳福德和迈克尔·戈尔曼也因此荣获美国图书馆馆藏与技术服务/布赖克威尔奖（ALCTS/Blackwell Scholarship Award）。两位作者都是美国资深的图书情报界的理论家和实践家。克劳福德自1968年就成为一位图书馆自动化方面的专家，从1979年起担任美国研究图书馆协会有限公司（Research libraries Group，inc）的高级分析师；戈尔曼则长期以来担负着位于美国弗雷斯诺的加利福尼亚州立大学（California State University, Fresno）图书馆服务部主任之职。在该书中，作者阐明了新图书馆学五定律，这是对阮冈纳赞的真知灼见在目前和未来的图书馆事业的重新诠释。

新图书馆学五定律是：图书馆为人类服务；尊重知识交流的所有形式；聪慧地利用技术加强服务；保护对知识的自由存取；景仰过去，创造未来。

新图书馆学五定律是一个框架，图书馆在这个框架内生存和进步。认真学习和领会新图书馆学五定律，使得我们能够清晰和理性地思考图书馆与技术。

一、图书馆服务于人类文化

就此条定律，不用多作解释，不仅是每一个图书馆员，还有图书馆已有的和潜在的读者，越来越多的人已有了深刻的感受，图书馆事业中支配一切的道德规范是服务。图书馆存在着就是服务于个人、团体和整个社会。服务这个词意味着单独的帮助行为以及对人类更高追求的促进。除此之外，图书馆事业中服务还隐含着对质量的关注，一种提升和超越图书馆用户期望的意愿。

这个定律的另一个方面是它对人类的强调。图书馆的存在，不是为了为排他主义的群体服务。图书馆真正的使命是，既为单独的真理追求者服务，又为更广泛的目标和渴望文化的人类服务。

二、掌握各种知识传播方式

在现在的图书馆学理论界，围绕电子技术的神话和现实，正进行着激烈的讨论。"图书的死亡"、"无纸社会"的论调也在接受实践的考验。在此，我们不就这个问题进行研究，只是告诉读者，尊重知识交流的所有形式，每种交流形式的力量都旨在征服时空；认同未来的图书馆将使用各种知识和信息载体；要从交流革命史的角度出发研究每种交流方式的现实性。简单的事实是每种新的交流方式都增强和补充了所有以前方式的力量。这是一个无法避免的过程。事实的确如此，尽管存在这样的情况，即每种新的方式都被预言它将取代以前的交流形式。在此，可参考一段 R·本奇雷（Robert Benchley）写于 1928 年有关有声电影发明的话："早期的有声电影在内地取得很大的成功……我们听到一个戏院的人谈论它时说道，作为机械的东西，它无疑是完美的并……意味着娱乐界的一次革命。他说，在此后的十年内，纽约正统戏院中的一半将会生意皆无。"诚然，更新的技术显然为我们提供更好的选择，我们并不鼓吹拘泥于纸上的印刷品、胶片上的图像或唱片上的凹槽。当新的技术效率更低、成本更高或存在其他缺陷时，我们不提倡替代纸上的印刷品。我们坚信通向图书馆未来的最佳路径在于这种功利主义。再者，将交流中的每个进步视作丰富和提高知识领域而非趋于狭窄和毁灭的选择，的确更切实和积极。

三、明智地采用科学技术提高服务质量

学术界在图书馆与电子技术之间进行着的激烈争论，在一定程度上已影响了许多图书馆员和读者，在他们的头脑中，已经形成了一种二分法——即或强调传统图书馆，成为阻碍技术进步的人；或热衷现代技术，成为失去灵魂的技术痴迷者。把两者强烈敌对似乎要求人们必须在两端之间选择其一，而实际上，人们无需在这两者之间做出抉择。

图书馆事业的进步史，就是新技术和新交流方式成功融合到现有规划和服务中的历史。图书馆员始终欢迎革新，但也不能过于热衷于对新技术的信奉。对技术的明智使用包括：

寻找问题的答案而非寻找有趣的新技术的应用；

权衡成本—效率、成本—效益以及最重要的任何提出的革新对服务的影响；

重新考量正在被自动化的规划、服务或工作流程、而非将人们已有的东西自动化本身。

联机目录确实优于卡片和缩微形式的目录。网络化的标引和文摘服务的确胜过其印刷性的先驱。不必说，当代的图书馆应该配备电子流通系统与采购和连续出版物控制系统，并应该提供通过这样那样的方式对数字化数据和各种事实（数字的、书目的、以图像为基础的和文本的）之存取。客观地看待问题，电子交流和非电子交流（印刷品、录音带、电影、网络视频等）的相对角色就会变得清晰起来。电子方式对于"家务管理"和对于为数据小的、离散的文本包、数字和视觉信息（诸如那些在许多参考工作中发现的信息）提供最佳存取方式。其他各种媒体有其各自最适合的领域。纸上的印刷品特别是而且在很长时间内是进行知识累积交流的卓越媒介。

四、确保知识的自由存取

在我们一直强调图书馆及图书馆事业的重要性时，同时呼吁我们"担负起图书馆作为一种机构的职责"。L·芬克斯（Lee Finks）意味深长的话语中有这样的语句：自即日起，图书馆及其成果必将存在五十年，事实上是一千年，要我们完成使命。这大体上是J·谢拉有关社会认知论的看法，也是我们所关注的事，在图书馆保存那部分值得保有的"社会副本"的时期里，寻找到和确保向前的安全路径。如果我们不这样做，现在和过去的文化就会失去，而这是我们无法接受的未来。

未来的人们将了解到只是图书馆、博物馆保存的东西。这是一种重大的责任，应该被印刻在所有图书馆员的脑海里。当然，对当今资料知识自由的保存值得赞扬，应当继续。在战略上讲，图书馆也能删除一些无用的信息，从而避免内容过多。但图书馆作为人类成就和各时代知识的档案集结地，这个重要的作用必须位于任何有关技术转变方面的考虑之首。

五、尊重过去，开创未来

尊重过去，并不是说因为过去古老就拘泥于古老的东西；相反，也不提倡因为古老就抛弃的行为。明天的图书馆应该是既保留了过去的珍品，又有图书馆与人类交流的历史。如果不这样，图书馆就将是纯粹反应式、瞬间的东西，时而有益，时而无益，永不能成为人类社会的核心。

参考文献

[1] N·菲埃尔勃兰特，I.马利．图书馆用户教育［M］．刘松甫译．北京：科学技术文献出版社，1988.

[2] 中国图书馆学会.21世纪图书馆发展与变革［M］．北京：北京图书馆出版社，2000.

[3] 中国图书馆学会．世纪之交：图书馆事业回顾与展望［M］．北京：北京图书馆出版社，1999.

[4] 刘迅，王德安，李保忠．图书馆管理工作指南［M］．沈阳：东北工学院出版社，1993.

[5] 胡昌平，乔欢．信息服务与用户［M］．武汉：武汉大学出版社，2001.

[6] 宓浩．图书馆学原理［M］．上海：华东师范大学出版社，1988.

[7] 程亚男．图书馆与社会［M］．北京：书目文献出版社，1993.

[8] 国家图书馆发展研究院．转型期图书馆工作研究［M］．北京：北京图书馆出版社，2003.

[9] 周英雄．关于公共图书馆读者教育工作的思考［J］．图书馆论坛，1998（6）：47-49.

[10] 张宜平．网络环境下高校图书馆读者教育工作的变革［J］．河北科技图苑，2002（1），52-53.

[11] 袁琳．读者服务的组织与管理［M］．武汉：武汉大学出版社，1998.

[12] 顾晓鸣．阅读的战略［M］．上海：上海人民出版社；1985.

[13] 麦群忠．读者服务工作指南［M］．北京：书目文献出版社，1995.

[14] 李希孔．图书馆读者学概论［M］．北京：北京农业大学出版社，1995.

[15] 刘嘉．国外图书馆学重要著作选译［M］．北京：华艺出版社，2002.

[16] M.H.哈里斯．西方图书馆史［M］．北京：书目文献出版社，1989.

[17] 刘久昌．读者工作［M］．北京：北京图书馆出版社，2001.

[18] 刘久昌，宁国誉．怎样利用图书馆［M］．北京：书目文献出版社，1982.

[19] 徐建华．现代图书馆管理［M］．天津：南开大学出版社，2003.

[20] 汤阳岩．特色图书馆论［M］．北京：北京图书馆出版社，1998.

[21] 程亚男．书海听涛：图书馆散论［M］．北京：北京图书馆出版社，2001.

[22] 卢子博．跨世纪的思考：中国图书馆事业高层论坛［M］．北京：北京图书馆出版社，1999.

[23] 彭斐章．书目情报需求与服务组织［M］．武汉：武汉大学出版社，2000.

[24] 王世伟．构建信息无障碍的图书馆服务理念［J］．大学图书馆学报，2003（6）：38-41.

[25] 王东生，刘麦丽．论图书馆参考咨询功能的现代化［J］．图书馆论坛，2003

(6)：164-167.

[26] 王淑群．数字化参考咨询服务的特点及图书馆的发展策略［J］．图书馆论坛，2003（5）：106-108.

[27] 唐晶．现代化图书馆的读者服务［J］．河南图书馆学刊，2002（4）：16-18.

[28] 李小丹．谈深化高校图书馆的导读工作［J］．图书馆论坛，2004（1）：103-105.

[29] 张钦恩．论图书馆现代服务品质的提升［J］．图书馆论坛，2003（6）：157-160.

[30] 董利宣．流通馆员创新管理探微［J］．图书馆论坛，2004（2）：46-47.

[31] 都平平，郭太敏．建立学科馆员与图情教授联系制度的方案［J］．图书馆杂志，2004（7）：41-42.

[32] 陈建红．过渡时期的图书馆［J］．图书馆论坛，2004（1）：26-28.

[33] 潘寅生．办馆体验谈［J］．图书馆论坛，2003（6）：40-44.

[34] 仲超生．网络环境下的数字化参考咨询服务研究［J］．图书馆论坛，2004（2）：154-156.